U0275139

汽车文化百科

—◄（珍藏版）►—

《深度文化》编委会◎编著

清华大学出版社

北 京

内 容 简 介

本书是介绍汽车文化的科普图书，书中精心收录了 160 余家汽车品牌，不仅有德国、英国、法国、意大利、瑞典、美国等老牌工业国家的传统汽车品牌，也有中国、日本、韩国、印度、马来西亚等国家的新兴汽车品牌。对于每个汽车品牌，都详细介绍了品牌故事、标志含义等知识，并配有最新版本的汽车标志图片。同时，还加入了各个品牌代表车型的鉴赏图片，便于读者直观地感受不同品牌的汽车设计风格。

本书体例科学简明，分析讲解透彻，图片精美丰富，适合广大汽车爱好者阅读和收藏，也可以作为青少年的科普读物。

图书在版编目（CIP）数据

汽车文化百科 : 珍藏版 /《深度文化》编委会编著 .
北京 : 清华大学出版社 , 2025.2. -- ISBN 978-7-302-68192-2
Ⅰ. U46-05
中国国家版本馆 CIP 数据核字第 2025AV5179 号

责任编辑：李玉萍
封面设计：王晓武
责任校对：张彦彬
责任印制：杨　艳

出版发行：清华大学出版社
　　　　网　　　址：https://www.tup.com.cn, https://www.wqxuetang.com
　　　　地　　　址：北京清华大学学研大厦 A 座　　邮　　编：100084
　　　　社 总 机：010-83470000　　　　　　邮　　购：010-62786544
　　　　投稿与读者服务：010-62776969, c-service@tup.tsinghua.edu.cn
　　　　质 量 反 馈：010-62772015, zhiliang@tup.tsinghua.edu.cn
印 装 者：小森印刷（北京）有限公司
经　　销：全国新华书店
开　　本：146mm×210mm　　印　　张：11.375　字　　数：437 千字
版　　次：2025 年 3 月第 1 版　　印　　次：2025 年 3 月第 1 次印刷
定　　价：78.00 元

产品编号：104095-01

前　言

　　汽车文化的起源可追溯至 19 世纪末，当时德国工程师卡尔·本茨成功发明了世界上第一辆汽油驱动汽车。这一划时代的发明不仅标志着人类交通迈入了新纪元，也为现代工业社会的发展奠定了基石。技术的持续创新与完善，使得汽车从奢侈品逐渐转变为大众消费品，这一转变伴随着大规模生产和消费主义的兴起，进而推动了汽车文化的普及。

　　汽车不仅仅是一种交通工具，它更是文化的象征和时代的印记。汽车文化涵盖了与汽车相关的所有文化元素，包括设计、制造、销售、使用等多个方面，同时也涉及汽车与人们生活方式和价值观的关系。

　　汽车文化的发展历程可分为几个阶段：从发明和早期发展，到标准化和生产扩张，再到汽车竞赛和表演，以及汽车在城市交通中的应用。汽车的普及为人们带来了前所未有的交通便利，极大地缩短了生活半径，提高了工作效率。高速公路的建设和发展，使得城市间的距离不再遥远，为区域经济发展注入了强劲动力。

　　随着科技进步，未来的汽车将更加智能、便捷和舒适。汽车文化也在不断发展和演变，面临新的挑战和机遇，需要更加注重环保、智能化和可持续发展。我们应更多关注汽车文化对社会和环境的影响，推广绿色出行、促进公共交通发展、鼓励节约能源等措施，使汽车文化成为可持续发展的重要推动力。

本书是一本讲解汽车文化的科普图书，旨在为您提供一个全面了解汽车文化的平台。从著名汽车品牌的发展历程、代表车型，到车标背后蕴含的特殊意义，再到世界各国汽车界的趣闻轶事，您都能在本书中找到答案。让我们一同探索汽车文化的魅力，感受它在人类文明中的重要地位和作用。

本书是真正面向汽车爱好者的基础图书，编写团队拥有丰富的汽车类图书写作经验，并已出版了数十本畅销全国的图书作品。与同类图书相比，本书具有科学简明的体例、丰富精美的图片和清新大气的装帧设计。同时，本书还拥有完善的售后服务。

本书由《深度文化》编委会创作，参与编写的人员有丁念阳、阳晓瑜、陈利华、高丽秋、龚川、何海涛、贺强、胡姝婷、黄启华、黎安芝、黎琪、黎绍文、卢刚、罗于华等。对于广大汽车爱好者，以及有意了解汽车知识的青少年来说，本书不失为极有价值的科普读物。希望读者朋友们能够通过阅读本书，循序渐进地提高自己的汽车知识。

由于时间仓促，编者水平有限，书中的错误和缺点在所难免，希望广大读者给予批评指正。

编者

第3章　美洲汽车品牌　　　　155

第4章 亚洲汽车品牌 219

第 5 章 其他汽车品牌   343

参考文献   354

第1章　汽车标志概述

　　汽车品牌及其标志是一个不可分割的整体，汽车品牌对应着标志。汽车品牌的意义浓缩在了标志的视觉符号中，标志承载了品牌的商标、名称、含义和价值。

1.1 汽车标志的意义

广义上的汽车标志是指汽车区别于其他厂家的商标以及用以表明汽车的生产企业、车型、发动机功率、变速箱形式、驱动形式、载质量、发动机及整车的出厂编号等，准确地说应该称作汽车标识。其作用是便于销售者、使用者、维修人员和交通管理部门识别车辆的身份。

人们日常所说的"汽车标志"通常是指狭义上的汽车标识，即汽车的商标，俗称"车标"，这也是本书的主要介绍对象。车标是汽车企业的显著标志，不同的车标反映了汽车生产者不同的创业理念、发展历史以及企业精神。一家汽车企业的信用、历史、经历、美学、名誉等往往都是通过商标进行抽象化而又具体化地体现的。

宾利汽车的"飞翼"标志

随着时代的发展，汽车的设计越来越重要，不同的设计能够提升人们对于汽车的认同感，能够使得消费者获得美的体验。车标作为汽车的第一名片，对于提升消费者对该品牌汽车的认同感，促使消费者购买该汽车都有着重要作用。例如，一个从未购买过宝马汽车的人，在见到一辆带有宝马车标的汽车时，他所接触过的有关宝马汽车质量、相关信息就会通过车标呈现在他的脑海中，他会凭借这些对宝马汽车作出评价，然后决定是否购买。这时候，车标就起到了连接消费者与生产者的纽带的重要作用。

事实上，车标对于任何人都会起到提示的作用，一个人在见到一辆汽车有着宝马车标的时候，都会不由自主地认为该汽车就是由宝马公司生产的。这种标志成本并不高，却可以起到很好的宣传作用。车标作为企业的信誉、文化的承载，对于汽车销量有着极重要的影响。

一个优秀的车标设计，可以在最短的时间内吸引消费者的目光。它能够以最直接的方式传递品牌的核心价值和独特风格，让消费者迅速对该品牌产生印象，并激发其进一步了解和购买的欲望。

宝马汽车轮毂上的"蓝天白云"标志

1.2　汽车标志的历史

19 世纪末至 20 世纪初，在汽车刚开始出现的时候，汽车制造商的数量比较少，汽车标志的设计也比较简单，通常只是制造商的名字或缩写。

捷克太脱拉汽车早期的车标

20 世纪 20 年代至 30 年代，随着汽车制造业的快速发展，越来越多的汽车制造商开始意识到汽车标志对于品牌形象的重要性，开始加强对汽车标志的设计和制造，设计出了一些经典的汽车标志。20 世纪 40 年代至 60 年代，汽车制造业经历了战争和经济恢复的阶段，汽车标志的设计趋于简约与现代化。20 世纪 70 年代至 80 年代，汽车标志的设计开始更加多样化和个性化。20 世纪 90 年代，随着计算机辅助设计技术的成熟和数字化制造技术的发展，汽车标志的设计变得更加复杂和精细，很多汽车品牌开始推出全新的标志。

劳斯莱斯汽车的"欢庆女神"标志

到了 21 世纪，汽车行业快速发展，与之息息相关的汽车设计也在不断变革，除了车辆的外观和内饰设计越来越倾向于简约，连车标和品牌标识也开始向扁平化风格转变。这股风潮最初是从苹果公司开始的，在获得好评成为时尚潮流之后，逐渐蔓延到汽车行业，全球汽车制造商纷纷效仿，大众、宝马、奥迪、丰田等汽车巨头都放弃了之前的金属质感立体车标，加入了扁平化的潮流。究其原因，主要有下述几点：

（1）跟随时代潮流。扁平化设计是一种流行的设计趋势，适应了现代人对于简约、干净、现代化的审美需求。汽车制造商希望通过更换扁平化车标来跟随时代潮流，满足消费者的审美需求。

（2）提升品牌形象。扁平化设计通常可以使车标更加简洁、精致、现代化，有助于提升品牌形象和品牌价值，从而增强消费者对该品牌的认同感和忠诚度。

（3）适应数字化媒介。随着数字化媒介的普及，汽车品牌需要在不同的屏幕尺寸和分辨率下展现良好的效果，扁平化车标通常具有更好的可扩展性和适应性，可以在不同的数字媒介上展现出更好的效果。

（4）节省成本。扁平化车标通常比传统的立体车标更加简洁、易于制造和生产，可以节省生产成本，提高生产效率。

（5）品牌升级换代。有些汽车制造商为了塑造新的品牌形象，会选择更换扁平化车标，以改变消费者的固有认知。

部分汽车制造商新近推出的扁平化车标

1.3　汽车标志的分类

车标按其形状可分为方形车标、圆形车标、椭圆形车标、盾形车标、三角形车标、菱形车标以及其他形状的车标；按其颜色可分为单色车标、双色车标和多色车标，以单色车标居多；按其整体造型可分为平面车标、立体车标；按其表现形式可分为具象型车标、抽象型车标、文字型车标和综合型车标。

具象型车标是对自然景物、动植物及人物的具体形象进行简化而成的标志形象；抽象型车标是从具体事物中抽象出来的相对独立的，以各种几何图形组成的标志形象；文字型车标是以文字及数字或其变体加以装饰而形成的标志形象；综合型车标是综合运用上述三种手法的标志，其鲜明、生动的标志形象，更具有可识别性和艺术性。

保时捷、兰博基尼、标致、西尔贝、柯尼赛格、蓝旗亚品牌的盾牌形车标

1.4　我国汽车标识的管理

汽车标识的设计和制造需要符合相关的法律法规和标准，以保证其安全性和合法性。2005 年 11 月 3 日，国家发展和改革委员会制定的《汽车产品外部标识管理办法》正式发布，并规定自 2006 年 2 月 1 日起施行。这是规范我国汽车产品外部标识的重要法规，对推动我国汽车生产企业增强质量意识和品牌意识具有重要作用。以下为《汽车产品外部标识管理办法》全文。

汽车产品外部标识管理办法

第一章　总则

第一条　为规范汽车生产企业产品外部标识，保护消费者合法权益，推动汽车生产企业增强质量意识和品牌意识，贯彻《汽车产业发展政策》，根据有关法律法规，制定本办法。

第二条　本办法所称的"汽车产品外部标识"是指注册商品商标、生产企业名称、商品产地、车型名称及型号、发动机排量、变速箱形式、驱动形式及反映车辆特征的其他标识。

第三条　本办法适用于在中国境内生产的面向国内市场销售的汽车。对在中国境内生产的面向国外市场的汽车和进口汽车不做统一要求。

第四条　汽车行业主管部门负责对汽车产品外部标识的标注进行规范和管理。

第二章　标识的标注

第五条　国产汽车在车身前部外表面的易见部位上应当至少装置一个能永久保持的商品商标。

第六条　国产乘用车、商用车、挂车在车身尾部显著位置（在保险杠之上的后部车身表面）上，应标注汽车生产企业名称、商品商标、车型名称等。如果标注商品图形商标，则应标注于车身尾部外表面的左右中间位置（车身尾部带备用轮胎架或车身后部左右开门的车辆除外）。

汽车生产企业的合资各方如将各自中文汉字名称的简称进行组合或将各自注册的汉字商标进行组合标注的，可不再标注生产企业名称。

第七条　采用外购底盘的专用车应保留原底盘的商品商标、生产企业名称等，同时还应标注专用车生产企业的名称、商品商标、车型名称等信息。

第八条　汽车零部件产品应标注生产企业商品商标或企业名称，具体标注方式由企业自行决定。

第三章　标识的要求

第九条　汽车生产企业名称必须采用中文汉字标注。车长超过 4.2 m

的车型，其中文汉字高度不得低于 25 mm，车长不超过 4.2 m 的车型，其中文汉字高度不得低于 20 mm。生产企业名称和商品文字商标必须采用同一材料标注。

第十条　车型名称可以采用中文汉字，也可以采用字母，其文字高度不得低于 15 mm。

第十一条　汽车产品外部标识标注的内容应当与车辆产品标牌、车辆整车出厂合格证明等文件标注的内容一致。

第十二条　乘用车、商用车车身的前部和尾部标识中，汽车生产企业名称、商品商标、车型名称等应能永久保持，不得采用油漆喷涂方式和不干胶粘贴方式。

第四章　附则

第十三条　本办法所称汽车是指国家标准（GB/T3730.1—2001）2.1 款定义的车辆，包括乘用车（2.1.1 款定义）和商用车（2.1.2 款定义），其中 2.1.1.11，2.1.2.3.5，2.1.2.3.6 款定义的车辆为专用汽车；所称挂车指国家标准（GB/T3730.1—2001）2.2 款定义的车辆。

第十四条　本办法中的"汽车生产企业名称"是指汽车生产企业在工商部门登记注册的企业名称或汽车生产企业《公告》名称。

具体标注时，既可以采用企业全称，也可以采用企业简称，当采用企业简称时应在申报《道路机动车辆生产企业及产品公告》时备案。

国内汽车生产企业（集团）的控股子公司可以按照母公司的要求标注企业名称或简称。

第十五条　本办法中的"永久保持"是指在产品使用寿命时间内不允许老化和自然脱落。

第十六条　2006 年 2 月 1 日开始，申报《道路机动车辆生产企业及产品公告》（以下简称《公告》）的新产品必须符合本办法的规定，不符合本办法要求的，将不予登录《公告》。

第十七条　汽车生产企业应尽快按照本办法的规定对《公告》内车型车身外部标识进行调整，2006 年 5 月 1 日起《公告》内所有车型均需符合本办法要求，否则暂停有关车型《公告》。

第十八条　本办法自 2006 年 2 月 1 日起施行。

第 2 章　欧洲汽车品牌

　　欧洲是汽车的发源地，现在也是汽车产业非常发达的地区。在汽车科技方面，欧洲汽车品牌作出了极大的贡献。欧洲共同体作为世界上最大的贸易集团，在制定全球标准方面享有较高权威。欧洲汽车市场的动向，引领着汽车工业的发展方向。

2.1 大众集团 <<<<

 大 众

大众汽车是大众集团的核心企业及原始品牌，也是该集团最畅销的品牌。在德语中，Volks 意为"国民"，Wagen 意为"汽车"，因此，其全名之意为"国民的汽车"。

基本信息	
外文名	VolksWagen
创立时间	1937 年 3 月
创始人	费迪南德·保时捷
总部地点	德国沃尔夫斯堡

▶▶▶ 品牌故事

20 世纪 30 年代初，汽车仍是昂贵的奢侈品，德国人民主要的交通工具是摩托车和自行车。当时的德国总理希特勒希望能够生产一款便宜的大众化汽车，他委托工程师费迪南德·保时捷来完成这项任务。希特勒对这款汽车的要求是：可以搭乘 2 名成人和 3 名儿童、最高时速 100 千米 / 时、售价不超过 1000 马克。为满足上述要求，费迪南德·保时捷对自己此前设计的汽车进行了修改，最终定型为大众 1 型（甲壳虫）。由于私营企业无力生产这么便宜的汽车，所以德国政府官方工会在 1937 年 3 月主持成立了德国国民汽车筹备公司。1938 年 9 月，该公司更名为大众汽车公司。

▶▶▶ 标志解析

大众的第一个标志是由工程师弗朗兹·克萨韦尔·莱姆斯设计的。莱姆斯将大众汽车德文全称 Volks Wagen 的首字母"V"和"W"上下排列并放在一个圆形齿轮中，外围加上齿轮、风扇元素，于 1938 年申请商标。后来，齿轮、风扇元素被取消。二战后，随着公司战略的变化，大众汽车持续设计出不同样貌的标志，但基本组成与构图皆维持不变。从整体来看，大众汽车的标志很像三个用中指和食指比画出的"V"，而"V"有着胜利的意思，象征大众汽车公司及产品必胜、必胜、必胜。

大众品牌标志演变历程

▶▶▶ 代表车型

大众甲壳虫（1961 年款）

大众帕萨特（2023 年款）

奥 迪

奥迪是德国历史悠久的汽车制造商之一，现为大众集团全资子公司。公司名称来自创始人奥古斯特·霍希（August Horch）姓氏的拉丁语。"Horch"在德语中的意思为"聆听"，拉丁语同义词则为"Audi"。

基本信息	
外文名	Audi
创立时间	1909 年 6 月 16 日（奥迪）
创始人	奥古斯特·霍希
总部地点	德国英戈尔施塔特

▶▶ 品牌故事

奥迪汽车公司的起源很复杂，其历史可以追溯到 20 世纪初，最初的企业是由工程师奥古斯特·霍希 1899 年所创立的霍希公司和 1909 年成立的奥迪公司。1932 年，奥迪、霍希、漫游者（Wanderer）和 DKW 四家公司合并为汽车联盟股份公司（Auto Union，AG）。二战结束后，汽车联盟股份公司位于萨克森的汽车制造厂被苏联没收并拆除。此后，该公司的很多高层人员前往巴伐利亚，并于 1949 年在英戈尔施塔特建立了汽车联盟股份有限公司，它继承了老汽车联盟的传统，仍以四个连环作为标志。1958 年，汽车联盟股份有限公司所持有的股份出售给了戴姆勒 - 奔驰公司。20 世纪 60 年代，大众集团收购了汽车联盟股份有限公司的所有股份，并于 1969 年将其与 NSU 股份有限公司合并，组成了现代的奥迪汽车公司。

▶▶ 标志解析

奥迪的标志为四环相扣，象征奥迪是由四家公司合并而成。四个圆环大小相同，并列相扣，代表着四家公司地位平等、紧密团结，整个联盟牢不可破。从 1932 年开始，无论奥迪的组织架构如何变动，四环标志都没有发生任何改变。

小知识：

　　1899 年，奥古斯特·霍希在科隆创立了霍希公司。1902 年，他将公司迁移到家乡萨克森州。1909 年，就在公司业绩蒸蒸日上的时候，霍希和他的投资商们因理念不合而闹翻，最终霍希负气出走。不久，霍希在老公司的对面开了一家新公司，准备和昔日的伙伴打擂台。可没等他的公司正式开业，就被一纸诉状告上了法庭，法院最终判决霍希不得使用自己的名字作为新公司的名称。此事令霍希懊恼不已，但也正是这段曲折的经历让奥迪正式出世。为了避免侵权，霍希在朋友儿子的启发下，将新公司定名为奥迪。

▶❱❱ 代表车型

奥迪 A8L 霍希版（2022 年款）

奥迪 A6L（2022 年款）

保时捷

基本信息	
外文名	Porsche
创立时间	1931 年 3 月
创始人	费迪南德·保时捷
总部地点	德国斯图加特

保时捷是著名的豪华汽车品牌，主要以制造跑车及参与赛车运动而闻名，同时也生产高性能轿车。

▶▶▶ 品牌故事

1875 年，费迪南德·保时捷出生于奥匈帝国的波希米亚（现为捷克共和国的一部分），他年幼时便显示出对机械的天分和兴趣。18 岁时，费迪南德进入维也纳的一家电机公司，工作之余经常偷偷到大学旁听工程课，这也是他所接受到的唯一正统的工程训练。1906 年，费迪南德受聘为戴姆勒奥地利分公司，担任技术总监。此后，他设计了多款具有划时代意义的新车，更在 1923 年晋升为戴姆勒公司的总工程师。戴姆勒公司与奔驰公司合并后，费迪南德向公司建议生产一款大众都买得起的轿车，不过遭到了当时董事会的否决，费迪南德因此挂冠而去。1931 年 3 月，费迪南德在几名投资者的帮助下，在斯图加特建立了一家设计公司。之后，他设计了甲壳虫并协助德国政府成立了大众汽车公司。而由费迪南德·保时捷及他的儿子费里·保时捷创立的保时捷汽车公司最初所生产的跑车，也是受到甲壳虫设计的影响。

▶▶▶ 标志解析

保时捷的字母标志采用创始人费迪南德·保时捷的姓氏。图形标志采用公司总部所在地斯图加特的盾形市徽。"PORSCHE"字样在标志的最上方，表明该标志为保时捷公司所拥有；标志中的"STUTTGART"字样在骏马的上方，说明公司总部在斯图加特市；标志中间是一匹骏马，表示斯图加特盛产一种名贵种马；标志的左上方和右下方是鹿角的图案，表示斯图加特曾经是狩猎胜地；标志右上方和左下方的黄色条纹代表成熟的麦子，喻指五谷丰登；标志中的黑色代表肥沃的土地，红色象征人们的智慧与对大自然的热爱。这些元素组成了一幅秀丽的田园风景画，展现了保时捷辉煌的过去，并预示了保时捷美好的未来，也彰显了保时捷跑车的出类拔萃。

小知识：

2022 年 9 月，保时捷完成了从大众的拆分上市，正式登陆德国法兰克福证券交易所。保时捷此次上市共融资了 94 亿欧元，是德国历史上第二大 IPO，也是欧洲历史上第三大 IPO。上市首日收盘时，保时捷的市值为 758.6 亿美元，成为全球第五大上市车企。

》》》 代表车型

保时捷 911(2020 年款)

保时捷帕拉梅拉 (2021 年款)

宾　利

宾利是英国豪华汽车品牌，自创立以来一直保持着手工精制的传统。从 2002 年开始，宾利取代劳斯莱斯成为英国皇室唯一指定的汽车品牌，并且成为英国女王登基 50 周年庆典的座驾。

基本信息	
外文名	Bentley
创立时间	1919 年 7 月 10 日
创始人	华特·欧文·宾利
总部地点	英国克鲁

品牌故事

宾利的创始人华特·欧文·宾利曾是英国北方铁路公司的一名学徒。一战期间，他受聘于英国海军航空兵技术委员会，从事法国克勒盖特发动机的改进工作。他设计的铝合金活塞很快被飞机发动机广泛采用，他也由此积累了大量的制造经验并掌握了足够的工程技术。对速度和性能的热爱，加之能通过赢得比赛实现汽车销售，让华特·欧文·宾利于 1919 年创建了宾利汽车公司。从公司成立到 1924 年勒芒赛道上的所向披靡，再到 20 世纪 30 年代初期由于濒临倒闭而并入劳斯莱斯，直到 1998 年被大众集团收购，宾利品牌虽几经沉浮，但每款宾利车都在世界汽车发展史上写下了浓墨重彩的一笔。

标志解析

宾利车标设计运用了简洁圆滑的线条，晕染、勾勒形成一对飞翔的翅膀，整体恰似一只展翅高飞的雄鹰。中间的字母"B"为华特·欧文·宾利名字的首字母，既彰显了宾利汽车的尊贵气质，又具有纪念创始人的意义。另外，在部分高端宾利车型的前引擎盖上装有一枚与主体标志构成相仿的立体标志，这一点与劳斯莱斯的欢庆女神立体标志有着异曲同工之妙。

❱❱❱ 代表车型

宾利飞驰 (2022 年款)

宾利欧陆 GT（2022 年款）

宾利添越（2023 年款）

兰博基尼

基本信息	
外文名	Lamborghini
创立时间	1963 年
创始人	费鲁吉欧·兰博基尼
总部地点	意大利圣亚加塔·波隆尼

兰博基尼是意大利一家集设计、制造与销售于一体的超级跑车制造商，也是全球顶级跑车制造商之一。

品牌故事

兰博基尼的创始人费鲁吉欧·兰博基尼年轻时曾是意大利空军的一名机械师，由于工作的原因，他对机械原理非常熟悉。二战之后，大量的军用物资被遗弃，费鲁吉欧·兰博基尼开始使用这些剩余军用物资制造拖拉机，并成立了最初的兰博基尼公司，主营业务是制造拖拉机、燃油器和空调系统。20 世纪 50 年代中期，由于对机械原理和机械制造的精通，以及极佳的商业头脑，兰博基尼公司成为当时意大利最大的农用机械制造商。1963 年，兰博基尼的汽车工厂在意大利圣亚加塔·波隆尼正式成立。由于经营不善，兰博基尼自 1972 年起数次易主，1998 年归入奥迪旗下，现为大众集团旗下品牌之一。

标志解析

兰博基尼的标志是一头充满力量的斗牛，这与兰博基尼大马力高速跑车的特性相吻合，也体现了创始人费鲁吉欧·兰博基尼斗牛般不甘示弱的脾性。这个意大利北方人凭借一股不妥协的闯劲和近乎疯狂的热情，孜孜不倦地追求着制造出完美跑车的梦想。目前，较为普遍的说法是，费鲁吉欧·兰博基尼的星座是金牛座，故以此为标志。也有人认为，"蛮牛"（兰博基尼标志）是为了抗衡"跃马"（法拉利标志）。

代表车型

兰博基尼蝙蝠（2007 年款）

兰博基尼毒药（2013 年款）

兰博基尼野牛 (2023 年款)

布加迪

BUGATTI

布加迪总部地点的所属国家有多次变化，但由于其发展的重要阶段都位于法国，所以人们通常将它视为法国品牌。早期的布加迪汽车将艺术与技术相融合，在赛场上战绩辉煌，但在二战后渐渐衰落并几经转手，最终归于大众集团旗下。

基本信息	
外文名	BUGATTI
创立时间	1909 年
创始人	埃托里·布加迪
总部地点	法国莫尔塞姆

❱❱❱ 品牌故事

布加迪的创始人埃托里·布加迪于 1881 年出生在意大利米兰，其父亲不仅是画家，也是著名的家具设计师。埃托里·布加迪自幼在美术学校学习，他特别爱好驾驶汽车，17 岁就开始参加赛车活动，18 岁进入普里内蒂·斯图基公司工作，学习三轮汽车的设计制造，并在这一年获得了汽车赛的冠军。1909 年，埃托里·布加迪在阿尔萨斯的莫尔塞姆建造了工厂，专门生产运动跑车和高级豪华轿车。1947 年，埃托里·布加迪去世，而他创立的公司则在 1956 年破产。1987 年，意大利工业家罗曼诺·阿蒂奥利买下了布加迪品牌的所有权，在意大利重建布加迪汽车公司，但是由于经营不善，于 1995 年再次破产。1998 年，布加迪品牌被德国大众集团收购。

❱❱❱ 标志解析

布加迪品牌以往的标志是一个红色的椭圆形，椭圆形的周围有 60 个大小和间距相同的红色圆点环绕，象征着滚珠轴承。标志内部由白色的"BUGATTI"字样以及黑色的字标符号"EB"组成，"E""B"是其创始人埃托里·布加迪（Ettore Bugatti）的首字母。2022 年，布加迪采用全新的品牌标志，看起来更加简洁，符合当下极简主义的审美风格。

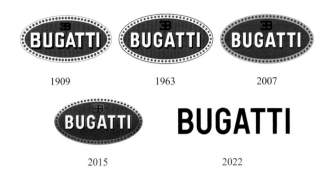

1909　　　　　　　1963　　　　　　　2007

2015　　　　　　　　2022

布加迪品牌标志演变历程

代表车型

布加迪威龙（2016 年上市）

布加迪迪沃（2019 年上市）

斯柯达

斯柯达是世界上历史最悠久的汽车生产商之一，在 100 多年的发展历程中，经历了多次战乱、政变和兼并。

基本信息	
外文名	Škoda
创立时间	1895 年
创始人	瓦茨拉夫·劳林 瓦茨拉夫·克莱门特
总部地点	捷克姆拉达-博莱斯拉夫

▶▶▶ 品牌故事

斯柯达汽车公司的前身为劳林与克莱门特公司，是一家成立于 1895 年的生产自行车和摩托车的企业。1905 年，该公司推出了第一款四轮汽车。1925 年，该公司被斯柯达·皮尔森工业公司收购，新公司以"斯柯达"和"劳林与克莱门特"两个品牌并行。1926 年，"劳林与克莱门特"品牌正式退出历史舞台，斯柯达汽车公司开始了以"斯柯达"为唯一品牌的发展之路。1939 年 3 月，捷克被德国占领后，斯柯达的汽车生产被迫停止。1946 年，已经被国有化的斯柯达重获新生，开始为普通民众造车。1991 年，斯柯达汽车公司成为德国大众集团的子公司。

▶▶▶ 标志解析

斯柯达于 2022 年推出的全新品牌标志采用扁平化设计，翡翠绿与电光绿的色彩搭配代表生态环保、可持续发展和电动出行。外面的圆环象征着斯柯达为全世界提供无可挑剔的产品。三支羽毛象征着斯柯达的翅膀，意味着斯柯达将不断地把技术创新的产品带到全世界；而斯柯达对汽车技术的执着追求也将永不停歇。飞翔的箭则象征着无限的想象力、创造力以及斯柯达所代表的先进汽车生产工艺，也表达了斯柯达永不停留的创新精神和实现最高目标的强烈愿望。

≫≫≫ 代表车型

斯柯达昊锐（2023 年款）

斯柯达明锐（2023 年款）

斯柯达柯珞克（2023 年款）

西亚特

西亚特是西班牙著名汽车品牌，其西班牙语全称为"Sociedad Española de Automóviles de Turismo"，意为"西班牙旅行汽车公司"。

基本信息	
外文名	Seat
创立时间	1950 年 5 月
创始单位	西班牙国家工业联合会
总部地点	西班牙马尔托雷尔

》》 品牌故事

20 世纪 50 年代，西班牙国家工业联合会为了提高西班牙本土的汽车工业制造能力，与意大利菲亚特汽车公司合作，建立了一家生产菲亚特汽车的汽车工厂，即西亚特汽车公司。1965 年，西亚特扩张到了哥伦比亚。1975 年西亚特在巴塞罗那附近的马托雷尔建立了技术中心。1981 年，西亚特脱离菲亚特。1982 年，德国大众集团成为西亚特新的合作伙伴。此后，西亚特开始自行设计汽车，并在大众集团的帮助下将其出口到欧洲其他国家，同时成立了运动部门，负责改装旗下车辆并组织参与汽车赛事。1990 年，大众集团持有的西亚特股份达到了 99%。

》》 标志解析

西亚特最新的品牌标志于 2017 年发布。此次调整并不是简单地将原来的标志转为单色，而是在扁平化的同时将"S"的形状也进行细微调整，使其看起来更苗条。独特的标志设计彰显了西亚特对精准技术、卓越工艺和创新的坚持。

⟫❱ 代表车型

西亚特托雷多（2018 年款）

西亚特伊维萨（2023 年款）

西亚特 Mii（2023 年款）

曼 恩

曼恩是世界主要卡车、客车和柴油发动机制造商之一。MAN 是公司前身奥格斯堡 - 纽伦堡机械工厂股份公司德语全称的首字母。

基本信息	
外文名	MAN
创立时间	1758 年
创始人	路德维希·桑德尔等
总部地点	德国慕尼黑

▶▶ 品牌故事

曼恩集团是由德国两家知名的企业 GHH 和 M.A.N. 合并而成。GHH 的历史可以追溯至 1854 年，其前身圣·安东尼炼铁厂作为德国第一大重工业企业在奥伯豪森开业。1807 年，圣·安东尼炼铁厂与其他两家炼铁厂合并，最终发展为古特霍夫努格炼铁厂（GHH）。而 M.A.N. 的前身则是 1843 年德国工程师路德维格·杉德尔在德国南部的奥格斯堡成立的一家机械制造厂。之后，该机械制造厂改名为奥格斯堡机械工厂，并在 1898 年与纽伦堡机械制造股份公司（1840 年建立）合并为奥格斯堡联合机械工厂和纽伦堡机械制造股份公司，1908 年改名为奥格斯堡 - 纽伦堡机械制造股份公司，简称 M.A.N.。1964 年，GHH 和 M.A.N. 合并，形成如今的曼恩集团。

▶▶ 标志解析

曼恩的品牌标志只是简单的三个字母，即 M、A、N。然而这三个字母足以引人浮想联翩：MAN 代表了可靠性、创新力、动力和开放，也代表了实力强大、国际化以及可持续发展。

代表车型

曼恩 eTGM 电动卡车

曼恩 Lion's coach 客车

尼奥普兰

NEOPLAN

尼奥普兰为德国客车制造商，也是世界客车行业公认的领先品牌。其研发的车型多次获得世界客车博览会颁发的"欧洲年度客车奖"，这是欧洲客车行业的最高荣誉。

基本信息	
外文名	Neoplan
创立时间	1935 年 7 月
创始人	戈特洛布·奥韦尔特
总部地点	德国斯图加特

▶▶ 品牌故事

1935 年，戈特洛布·奥韦尔特在德国斯图加特创立了尼奥普兰公司。成立之初，尼奥普兰仅从事客车及卡车的车身组装工作，1953 年，开始生产一体化的公共汽车及客车。除此之外，尼奥普兰还生产机场摆渡车。尼奥普兰公共汽车在欧洲国家有相当庞大的市场，部分亚洲国家也有尼奥普兰的身影。尼奥普兰在美国及中国大陆都设有相关的生产企业，但尼奥普兰在美国的业务于 2003 年撤出。2001 年，尼奥普兰被曼恩集团收购，作为曼恩集团中独立运营的高端客车品牌而存在。目前，尼奥普兰的车型包括旅游客车、城际客车、公交车、机场摆渡车、环保型电车等的客车车型。

▶▶ 标志解析

尼奥普兰的品牌标志是由品牌名称 Neoplan 演变而来的，其中字母 A 进行了艺术化设计，整个标志看起来就像一辆客车。尼奥普兰创造了全承载车身技术，并制造出世界上第一台真正意义上的现代化客车。为了与以前的客车区分开来，公司给它取了一个新名字——Neoplan（英语意为"新的计划"），并推出尼奥普兰品牌标志。因此，Neoplan 这个名字本身就代表着客车建造新计划和全新的客运工具。

>>> **代表车型**

尼奥普兰 Megashuttle

尼奥普兰 Spaceliner

斯堪尼亚

斯堪尼亚是世界领先的重型卡车和客车制造商之一，并凭借技术领先的模块化系统成为商用汽车行业盈利能力极强的公司。其产品销往世界一百多个国家和地区。

基本信息	
外文名	Scania
创立时间	1891 年
创始人	不详
总部地点	瑞典南泰利耶（现址）

▶▶ 品牌故事

斯堪尼亚公司于 1891 年在瑞典南部的马尔默成立，其名称是斯科讷省的拉丁语名称。1910 年 11 月，斯堪尼亚公司与瓦比斯公司（1891 年成立的汽车及货车制造厂）合并，组成斯堪尼亚 - 瓦比斯公司，并在 1911 年迅速推出了第一辆城市巴士——Nordmark 巴士。1969 年，斯堪尼亚 - 瓦比斯公司与萨博汽车公司合并，组成萨博 - 斯堪尼亚集团。该集团于 1995 年因经营不善而被分拆，但萨博和斯堪尼亚两家公司的鹰头狮身标志都未改变。之后，斯堪尼亚公司成为德国大众集团的子公司。

▶▶ 标志解析

斯堪尼亚现行的品牌标志由瑞典著名画家和雕塑家卡尔·弗雷德里克·罗伊特·沃德于 1984 年设计。标志中的格里芬冠状头取自瑞典斯科讷省的盾形徽章，它象征着力量、速度、敏捷和勇气。格里芬是希腊神话中一种鹰头狮身有翅膀的怪兽，被称为狮鹫。据称，狮鹫的身体比 8 头狮子还要大，飞得比 100 只老鹰还要高，有很长的耳朵，脚上有爪，大如牛角。

▶▶▶ 代表车型

斯堪尼亚 Citywide

斯堪尼亚 Touring

⚙ 偏爱两厢车的欧洲人

在汽车市场中，不同地区的消费者对于汽车的需求和喜好也有所不同。在欧洲，两厢车占据了市场的主导地位，而在中国，三厢车则更受欢迎。这种差异背后的原因是多方面的，包括文化、习惯、地缘等因素。

在欧洲，汽车文化的发展历史相对较长，人们对于汽车的需求也更加多样化。两厢车的设计更注重实用性和灵活性，适合欧洲人的生活方式和出行需求。相比之下，三厢车的设计更注重乘坐的舒适性和后备箱空间，适合家庭出行或商务用途。因此，欧洲人更倾向于选择两厢车，这也反映了他们对于汽车文化的理解和认知。

在欧洲深受欢迎的大众高尔夫

从习惯角度来看，欧洲人更倾向于选择两厢车的原因与他们的生活习惯有关。在欧洲，城市化程度相对较高，人们的生活节奏也相对较快，更注重享受生活。两厢车的小巧尺寸更适合在城市中行驶和停放，能够满足人们的出行需求。相比之下，三厢车的尺寸更大，更适合在宽敞的道路上行驶，但在城市中却不太方便。因此，欧洲人更倾向于选择两厢车，与他们的生活习惯和出行需求密切相关。

福特福克斯两厢版

从地缘角度来看，欧洲地区的地形和道路条件对汽车的选择也产生了一定的影响。欧洲地区的地形多为山地和丘陵，道路相对较为狭窄和曲折，两厢车与旅行车的小巧尺寸和更好的操控性能更适合在这样的道路上行驶。相比之下，三厢车的尺寸更大，更适合在宽敞的道路上行驶，在欧洲地区的道路条件下不太实用。因此，欧洲人更倾向于选择两厢车，与当地的地形和道路条件有关。

标致 308 两厢版

2.2 梅赛德斯 - 奔驰集团

 梅赛德斯 - 奔驰

Mercedes-Benz

基本信息	
外文名	Mercedes-Benz
创立时间	1883 年 6 月
创始人	卡尔·本茨 戈特利布·戴姆勒
总部地点	德国斯图加特

　　梅赛德斯 - 奔驰是德国豪华汽车品牌，是梅赛德斯 - 奔驰集团的核心企业。除了豪华汽车外，梅赛德斯 - 奔驰还是著名的客车和重型卡车制造商。

▶▶▶ 品牌故事

　　1883 年，卡尔·本茨在曼海姆创立奔驰公司。1886 年 1 月，卡尔·本茨发明了世界上第一辆三轮汽车，并获得了专利，被誉为"汽车的发明者"。与此同时，戈特利布·戴姆勒发明了世界上第一辆四轮汽车。1890 年，戈特利布·戴姆勒在斯图加特创立戴姆勒公司。1894 年和 1896 年，奔驰公司和戴姆勒公司分别推出了世界上第一辆汽油机公共汽车和世界上第一辆汽油机载重汽车。1926 年 6 月，戴姆勒公司与奔驰公司合并为戴姆勒 - 奔驰汽车公司，生产梅赛德斯 - 奔驰汽车。此后，梅赛德斯 - 奔驰品牌一直是汽车技术创新的先驱者。

▶▶▶ 标志解析

　　1909 年 6 月，戴姆勒公司申请将"三叉星"作为戴姆勒汽车的标志。戈特利布·戴姆勒认为，他画在自家房子上的这颗星会为他带来好运，同时三叉星还象征着戴姆勒公司向海、陆、空三个方向发展。1916 年，在三叉星的四周加上了一个圆圈，圆圈的上方镶嵌了四个小星，下面有

"Mercedes"（梅赛德斯）字样。而奔驰汽车的标志最初是"Benz"（奔驰）字样外加月桂枝环绕。1926 年，戴姆勒公司与奔驰公司合并，三叉星与月桂枝也合二为一。后来，标志中的月桂枝被简洁的圆环代替。

小知识：

真正创造"梅赛德斯"这个品牌名称的人，是奥地利商人埃米尔·耶里内克。梅赛德斯是他女儿的名字，原本是西班牙语中用来称呼女孩子的词语，意指"优雅"。耶里内克原本只是戴姆勒汽车的一位忠实用户，后来成为戴姆勒汽车的代理商，并驾驶戴姆勒汽车参加了在法国尼斯附近举办的赛车活动，在赛场上他有个绰号叫"梅赛德斯先生"。渐渐地，"梅赛德斯"变成了戴姆勒汽车的昵称。1900 年 4 月，耶里内克与戴姆勒达成一项协议，将原本只是昵称的"梅赛德斯"正式作为新产品的品牌。

▶❱❱ 代表车型

梅赛德斯 - 奔驰 G 级（2022 年款）

梅赛德斯 - 奔驰 S 级（2023 年款）

迈巴赫

基本信息	
外文名	Maybach
创立时间	1909 年
创始人	威廉·迈巴赫 卡尔·迈巴赫
总部地点	德国斯图加特

　　迈巴赫是 1921 年到 1940 年间活跃在欧洲地区的德国超豪华汽车品牌。20 世纪末，在劳斯莱斯、宾利分别被宝马集团、大众集团收归旗下的背景下，梅赛德斯 - 奔驰出于战略考量复活了迈巴赫品牌。

▶▶▶ 品牌故事

　　威廉·迈巴赫是戈特利布·戴姆勒长年的挚友与合作伙伴，同时他也是第一辆梅赛德斯汽车的实际制造者。1907 年，他辞去戴姆勒发动机公司的首席工程师职位，开始与自己的儿子卡尔·迈巴赫合作研发飞艇发动机。1909 年，迈巴赫父子和齐柏林伯爵共同在斯图加特近郊的毕辛根创立了飞行器发动机制造厂。1912 年，这家合资设立的机械厂搬迁到更靠近齐柏林飞艇生产基地的腓特烈港。之后，迈巴赫父子研发了多款性能优异的汽油发动机、柴油发动机和变速箱，并尝试以戴姆勒提供的汽车底盘为基础制造汽车。1921 年，卡尔·迈巴赫在斐德利希哈芬创立了迈巴赫发动机制造厂，开始打造属于自己的汽车。由于迈巴赫发动机突出的性能表现与平顺的运行品质，再加上合作的车体商手工打造出来的精致车身，迈巴赫品牌在欧洲豪华汽车界声名鹊起。但因为大萧条与二战的原因，迈巴赫汽车被迫停产。20 世纪 60 年代，迈巴赫被戴姆勒 - 奔驰汽车公司收购，公司改名为迈巴赫制造厂。

▶▶▶ 标志解析

　　迈巴赫的品牌标志由两个交叉的 M 字样，围绕在一个球面三角形里组成。以前，双 M 代表"迈巴赫发动机"（Maybach Motorenbau），现在，双 M 意味着"迈巴赫制造"（Maybach Manufaktur），同时，双 M 也代表了威廉·迈巴赫和卡尔·迈巴赫父子二人。

> **小知识：**
>
> 　　1997 年，戴姆勒·克莱斯勒集团在东京车展会场中展出一辆以"迈巴赫"为名的概念性超豪华四门轿车，正式让这个德国汽车品牌在销声匿迹多年后再次复活。然而迈巴赫的销售状况一直不佳，只得在 2012 年 8 月全面停产。2014 年 11 月，梅赛德斯 - 奔驰在中国广州正式发布全新子品牌梅赛德斯 - 迈巴赫。同时，该品牌首款车型梅赛德斯 - 迈巴赫 S 级也正式亮相。

▶▶▶ 代表车型

迈巴赫 62（2002 年上市）

梅赛德斯 - 迈巴赫 S 级（2014 年上市）

Smart

基本信息	
外文名	Smart
创立时间	1994 年 2 月
创始人	尼古拉斯·海耶克
总部地点	中国宁波

Smart 是由中国吉利控股集团和德国梅赛德斯 - 奔驰集团合资公司经营的迷你车和微型车系列品牌，品牌名称来源于 Swatch-Mercedes-art 的词语组合，其中 S 代表斯沃琪，M 代表梅赛德斯 - 奔驰，而 art 是艺术之意，代表双方合作的艺术性；而 Smart 本身就有聪明伶俐的含义，这与其品牌理念相契合。

▶▶ 品牌故事

1982 年，瑞士手表巨头斯沃琪集团的创始人尼古拉斯·海耶克萌生了一种想法，就是制造一款斯沃琪手表风格的轻便汽车，他深信这种小汽车将适用于越来越拥挤的城市道路。但由于自己缺乏汽车行业的经验，所以海耶克决定与汽车公司合作，利用现有的品牌与分销网络优势直接进入市场。在与大众、宝马、菲亚特、通用、雷诺等多家公司接触后，海耶克最终与梅赛德斯 - 奔驰达成了协议。1994 年，双方合资成立了 MCC 公司，共同研发超微型紧凑式汽车。1998 年 10 月，首款车型 smart city（后改名 fortwo）在欧洲量产。由于理念不合，斯沃琪集团从 MCC 全面撤资，梅赛德斯 - 奔驰成为 MCC 唯一的大股东，2000 年清理了所有股权债务后，梅赛德斯 - 奔驰继续 MCC 的工作并正式定名为 Smart，Smart 最终成为梅赛德斯 - 奔驰的全资子公司。2019 年 3 月，吉利控股集团和戴姆勒集团宣布，双方将成立合资公司，在全球范围内联合运营和推动 Smart 品牌的转型，将其打造成为全球领先的高端电动智能汽车品牌。

▶▶▶ 标志解析

最初的 Smart 没有独立的图形标志设计，其标志性的黄色三角形被镶嵌在了字母 a 的上方。2002 年，Smart 推出了第二代标志，原来字母中镶嵌的三角形被取了出来，与银灰色的 C 字组合成了 Smart 全新的图形标志。黄色象征着青春和活力，指向右边的黄色箭头不仅象征着青春和活力，同时也传达了未来主义和进取的品牌理念。2021 年，Smart 再次更改了品牌标志，紧跟潮流进入了扁平化时代。新标志所有的拐角均采用圆角化处理，弱化了旧标志给人的锋利和硬朗的机械感印象，同时赋予品牌科技、轻奢、灵动、充满创造力和想象力的特质，体现了 Smart 向电动化、智能化的全面转型。

Smart 前两代标志

▶▶▶ 代表车型

Smart 精灵

赛特拉

赛特拉是德国豪华客车制造商，原本是凯斯鲍尔家族企业，现为梅赛德斯 - 奔驰旗下品牌。其客车产品分为豪华级、舒适级和多功能级三个级别。每一级别又根据车身的长度和配置分为不同的系列。

基本信息	
外文名	SETRA
创立时间	1950 年
创始人	卡尔·凯斯鲍尔
总部地点	德国乌尔姆

▶▶ 品牌故事

1893 年，29 岁的卡尔·凯斯鲍尔在乌尔姆开办了自己的马车制造工厂，一个传奇的品牌从此诞生。通过不懈的努力，公司的马车业务蒸蒸日上，并在 19 世纪末设计了能够乘坐 18 名乘客的观光客车。随着汽车的发明和普及，马车逐步走向了没落，卡尔·凯斯鲍尔及时投入到了内燃机动力车型的研发中。一战后，由于德国军队的解散，卡车的需求开始下滑，德国各个城市对长途客车的需求量则逐渐增加，凯斯鲍尔工厂也进入了快速发展期，并通过技术创新成功地熬过了经济大萧条。1951 年，凯斯鲍尔工厂更名为赛特拉客车公司，从此开始致力于专业豪华型客车的制造工作。1995 年，戴姆勒 - 奔驰集团收购了凯斯鲍尔集团旗下的赛特拉客车，并将其与梅赛德斯 - 奔驰客车部门整合在一起，成立了新的艾瓦巴士（EvoBus）公司。

▶▶ 标志解析

赛特拉品牌的图形标志是一个圆环，圆环内部有一个经过艺术化处理的字母"K"，其尺寸较大，非常醒目。这个字母源于赛特拉品牌创始人卡尔·凯斯鲍尔（Karl Kässbohrer）的姓名首字母。

》》》 代表车型

赛特拉 S 431 DT 客车

赛特拉 S 415 GT 客车

⚙ 贵族子弟自驾游引发的潮流

17世纪，英国贵族们热衷于通过旅行的形式为子女庆祝成人礼。贵族子弟们一旦成年就会离开宫殿和城堡，横渡英吉利海峡，穿越阿尔卑斯山脉，前往欧洲近代文明的发源地——意大利的佛罗伦萨和罗马，身体力行地去学习先人的经验，体会圣贤们曾有过的感悟。这场充满艰辛的朝圣之旅，被称为"Grand Touring"，意为"大旅行"。这种庆祝方式也逐渐在欧洲其他国家流行开来。在第二次工业革命之前，这些贵族子弟们能依靠的交通工具只有马车，所以在当年这些盛大的成年旅行一般会持续几个月甚至几年之久。他们所使用的马车不仅要承担起装载、代步的职责，还要提供一个足够宽敞舒适的旅行环境。因此，一开始的"GT"除了是"Grand Touring"的缩写之外，还被用作指代"Grand Touring"时所使用的大型豪华马车。

到了19世纪，随着火车的普及，贵族子弟们搭乘马车旅行的日子也一去不复返。直到20世纪，"GT"开始有了新的含义。

伴随着第二次工业革命的开展，汽车工业也迎来了蓬勃发展的热潮。这个时期的汽车已不是刚发明时的粗糙模样。于是，一些汽车制造商又回想起当年欧洲贵族们搭乘马车进行"Grand Touring"的岁月，他们希望现在的人能开着汽车去完成"Grand Touring"。因此，自20世纪20年代后期开始，有不少汽车制造商开始将带有"GT"字样的徽章粘贴在汽车尾部。

之后，"Gran Turismo"车型便应运而生，这些双门、大排量、前置后驱、兼顾舒适性以及高性能的轿车成了当时贵族子弟们完成"Grand Touring"的新选择。

在1929年，诞生了第一台正式以"GT"命名的车型——阿尔法·罗密欧6C 1750 GT。这款车不仅多次完成超过1000英里的耐力赛，还获得了多个冠军。

阿尔法·罗密欧6C 1750 GT

在阿尔法·罗密欧一举成名之后，其他汽车制造商也开始进行营销、炒作和产品上的跟进，一些经典的 GT 车型陆续诞生，例如：宾利欧陆GT、法拉利 250 GT 等。同时，也有名字不带 "GT" 的阿斯顿·马丁DB2、梅赛德斯-奔驰 AMG SLS 等。"GT" 开始逐渐被大众熟知。

20 世纪 60 年代，一款全新的 GT 车型诞生，又让 "GT" 多了一重含义。这款车叫作福特 GT40，其诞生的目的就是速度，就是能在勒芒 24 小时耐力赛中打败法拉利。而它也确实做到了。从 1966 年到 1969 年，福特 GT40连续四年问鼎冠军，迫使法拉利宣布无限期地退出勒芒赛事。

福特 GT40

从此，"GT" 的发展有了两条不同的道路。一条是像原本那样，仅仅代指高性能豪华巡航轿车，代表车型包括宝马 6 系 GT、阿斯顿·马丁 DB系列等。另一条就是高性能跑车，代表车型包括福特野马 GT、日产 GT-R等。不过，无论是高性能豪华巡航轿车还是高性能跑车，在许多人心目中，"GT" 等同于高级汽车的认知已经悄然生成。

日产 GT-R

2.3 宝马公司

 宝 马

基本信息	
外文名	BMW
创立时间	1916 年 3 月
创始人	卡尔·拉普 吉斯坦·奥托 弗朗兹 - 约瑟夫·帕普 卡米罗·卡斯提李奥尼
总部地点	德国慕尼黑

　　宝马是德国豪华汽车、摩托车和发动机制造商，全称为巴伐利亚发动机制造厂股份有限公司（Bayerische Motoren Werke AG，BMW），在中国曾被称为巴依尔，后来改称宝马。

品牌故事

　　1913 年 4 月 29 日，卡尔·拉普在慕尼黑近郊创立了拉普发动机制造厂，从事航空发动机制造。同年，吉斯坦·奥托也在附近创立了古斯塔夫奥图航空机械制造厂。后来，奥托与人合资，在 1916 年 3 月创立了巴伐利亚飞机制造厂（BFW），并将自己此前创立的工厂并入了新厂。同年，拉普的工厂因盲目扩张、经营不善而濒临倒闭，他不得不黯然离开。拉普的合伙人与奥地利金融家弗朗兹 - 约瑟夫·帕普合作接下了工厂的业务，并在 1917 年 7 月将工厂改名为巴伐利亚发动机制造股份有限公司（BMW），由帕普担任首任总裁。1922 年，在奥地利金融家卡米罗·卡斯提李奥尼的主导下，BMW 合并了 BFW，成为今天人们所熟悉的宝马公司。

标志解析

　　宝马品牌标志的色彩和组合来自宝马总部所在地巴伐利亚州的州徽。标志中间的蓝白相间图案，代表蓝天、白云和旋转不停的螺旋桨，喻示宝马品牌悠久的历史，象征公司过去在航空发动机技术方面的领先地位，又象征公司的一贯宗旨和目标：在广阔的时空中，以先进的精湛技术、最新的观念，满足顾客的最大愿望，反映了公司蓬勃向上的气势和日新月异的面貌。标志上方的字母"BMW"是公司全称的首字母缩写。

代表车型

宝马 X6（2022 年款）

宝马 7 系（2023 年款）

MINI

MINI 是由英国汽车公司推出的微型车品牌，在半个多世纪的历史里，MINI 获得了巨大的成功。该品牌在历史上曾有许多拥有者，目前属于宝马公司。

基本信息	
外文名	MINI
创立时间	1959 年 8 月
创始人	亚历克·伊兹高尼
总部地点	英国牛津

》》品牌故事

MINI 起源于英国汽车公司于 1959 年推出的 BMC Mini，这是一款廉价、省油、小巧但能乘坐 4 名成年人的微型车，一上市便在汽车界掀起了阵阵波澜。之后，Mini 发展成为一个旗下有多款微型车的品牌，并开始了它半个多世纪的历程。1966 年英国汽车公司变更为英国汽车控股公司，1968 年英国汽车控股公司和利兰汽车公司合并成为英国利兰公司。1986 年，英国利兰公司在一系列改组之后更名为罗孚集团。1988 年，罗孚集团被英国宇航公司买下。1994 年，宝马公司并购了罗孚集团，Mini 品牌改归宝马公司所有。2000 年，旧款 Mini 停止生产，宝马公司宣布推出 Mini 的继承车款，并将新车的品牌定为 MINI。

》》标志解析

MINI 品牌曾经使用过多种不同的标志，最新标志由简单的白底黑线组成，圆环两旁的立体翅膀被四条黑线取代。这个极简的标志顺应了当下扁平化的设计趋势，它由德国咨询机构 KKLD 和 MINI 内部的设计团队共同推出。这种二维平面的设计避免了在不同光线和阴影的条件下，标志可能出现的截然不同的黑色或白色的样子。新标志保留了品牌著名的双翼设计，同时保证了它能够在所有场景中更好地发挥作用。

>>> **代表车型**

BMC Mini（1959 年款）

Mini Cooper Roadster（2012 年款）

Mini Countryman（2023 年款）

劳斯莱斯

基本信息	
外文名	Rolls-Royce
创立时间	1906 年 3 月
创始人	查理·劳斯 亨利·莱斯
总部地点	英国西萨塞克斯

劳斯莱斯是诞生于英国的超豪华汽车品牌，现为宝马集团的全资子公司。

品牌故事

劳斯莱斯起源于 1906 年由查理·劳斯（Charles Rolls）和亨利·莱斯（Henry Royce）创立的劳斯莱斯有限公司。两人的出身、爱好、性格完全不同，但对汽车事业的执着和向往，使他们成为一对出色的搭档。在生产汽车的同时，劳斯莱斯还在研发航空发动机。一战时，约一半的盟军飞机使用的就是劳斯莱斯航空发动机。至 20 世纪 20 年代末，航空发动机成为劳斯莱斯主要的业务。1931 年，劳斯莱斯收购了在大萧条中陷入财政困难的对手宾利。二战之后，劳斯莱斯在燃气涡轮发动机的设计和制造方面取得了重大进步。20 世纪 60 年代后期，劳斯莱斯遭遇严重的财政问题，1971 年被收归国有，国家提供了一系列财政补助。1973 年，汽车业务被剥离，成立了单独的实体公司——劳斯莱斯汽车公司。而其主要的航空发动机业务仍属国有，直到 1987 年才被私有化。1980 年，劳斯莱斯汽车公司被维克斯武器公司收购。1998 年，维克斯武器公司决定出售劳斯莱斯的汽车业务，最终由宝马公司购入。

标志解析

劳斯莱斯的平面标志采用两个重叠在一起的"R"，这是查理·劳斯与亨利·莱斯两人姓氏的首字母，体现了两人融洽、和谐的关系。最初双

R 标志为红色，有说法称在两位创始人相继离世之后，劳斯莱斯的标志从红色变成了黑色，但这种说法有悖于事实。根据权威的历史资料记载，劳斯莱斯启用新的标志只是为了让整车风格显得更加庄重。

小知识：

欢庆女神（Spirit of Ecstasy）是劳斯莱斯车头立标的名称，于 1911 年 2 月 6 日注册为劳斯莱斯汽车的官方吉祥物。其设计者是英国画家兼雕刻家查尔斯·赛克斯。欢庆女神弯曲着双腿，头向前方伸去，似乎在凝视前方的路面，细纱长裙随风飘扬又紧紧地裹住曼妙的身躯。

》》》 **代表车型**

劳斯莱斯幻影（2018 年款）

劳斯莱斯库里南（2020 年款）

阿尔宾娜

基本信息	
外文名	Alpina
创立时间	1965 年
创始人	伯卡德·博芬西彭
总部地点	德国布赫洛厄

阿尔宾娜是德国一家小型汽车公司，通常被认为是针对宝马车型的改装厂，但阿尔宾娜实际上作为汽车生产商通过了 TUV 认证，因此也被视为德国最小的汽车生产商之一。

品牌故事

1965 年，伯卡德·博芬西彭在德国巴伐利亚州考夫博伊伦创立了一家以自己的名字命名的公司，最初的业务是生产打字机。几年后，在股市收益颇丰的伯卡德推出了宝马车型的改装调校业务，最初专精于化油器的调校和汽缸盖的改良。在 1970 年之前，只有 70 名员工的阿尔宾娜脱离了原来的打字机工厂，迁址到了布赫洛厄。阿尔宾娜与宝马公司的合作十分紧密，甚至其生产过程也融入了宝马的生产线。从 1968 年到 1977 年之间，阿尔宾娜在赛车领域非常成功。尤其是在 1970 年，阿尔宾娜的车队赢得了欧洲房车锦标赛、德国登山赛、斯帕 24 小时耐力赛以及其他一些拉力赛和场地赛事的冠军。2022 年 3 月，宝马正式宣布收购阿尔宾娜品牌。

标志解析

阿尔宾娜的标志和宝马的标志有些相似，但图案并非"蓝天白云"，而是发动机曲轴（左侧）与化油器（右侧）。它们是阿尔宾娜第一次改装宝马车型时调整过的零件。这个标志很形象地说明阿尔宾娜的核心是动力系统的升级强化。

▶▶▶ 代表车型

由宝马 Z8 改装而来的阿尔宾娜 Roadster V8（2003 年款）

由宝马 3 系改装而来的阿尔宾娜 B3（2010 年款）

由宝马 7 系改装而来的阿尔宾娜 B7（2022 年款）

⚙ 盛产超级豪车和跑车的英国

据统计，在全球公认的超豪华汽车品牌中，诞生于英国的品牌就占据了相当大一部分，包括劳斯莱斯、宾利、迈凯伦、阿斯顿•马丁等。此外，英国还有捷豹、路虎、路特斯、MINI 等价格和定位较高的豪华品牌。英国可谓是全球豪华汽车品牌最多的国家，那么为何英国盛产超级豪车和跑车呢？

英国成为全球豪华汽车品牌最多的国家，与英国是工业革命的发源地密切相关。英国的汽车品牌诞生得都比较早，其中，罗孚成立于 1878 年，劳斯莱斯成立于 1906 年，阿斯顿•马丁成立于 1913 年，宾利成立于 1919 年，捷豹成立于 1922 年，名爵成立于 1924 年，路虎成立于 1948 年，路特斯成立于 1948 年，迈凯伦成立于 1966 年。

劳斯莱斯幻影

从时间来看，罗孚和劳斯莱斯是成立最早的两家英国车企。如今，除了迈凯伦之外，其余的英国汽车品牌都被国外汽车品牌收购了。宾利被德国大众集团收购，劳斯莱斯和 MINI 被德国宝马公司收购，捷豹和路虎被印度塔塔集团收购，名爵则归于中国上汽集团。

虽然绝大部分英国汽车品牌都被他国企业收购，但这并不代表英国汽车工业落后，劳斯莱斯、宾利、迈凯伦等依然是世界一流的汽车品牌，被收购的英国汽车品牌，生产研发大多仍在英国，即便是易手次数较多的阿斯顿·马丁也不例外。此外，英国有世界一流的汽车设计和赛车专业院校，例如：巴斯大学、考文垂大学等。

英国除了超豪华汽车品牌外，还有很多超级跑车品牌，这与欧洲赛车文化的根源在英国是分不开的。大部分 F1 车队的总部，包括研发和生产都在英国牛津郡的赛车谷。赛车谷有著名的银石赛道和古德伍德赛道。世界领先的汽车改装厂和赛车部件供应商也在英国。

古德伍德赛道

2.4 斯特兰蒂斯集团（欧洲部分）

 标 致

标致汽车公司是欧洲老牌汽车生产商，主要生产中小型家用汽车，但也生产大型豪华轿车、军用越野车以及运动或竞技用跑车。

基本信息	
外文名	Peugeot
创立时间	1890 年
创始人	阿尔芒·标致
总部地点	法国索绍

▶▶ 品牌故事

标致工厂从事制造业年代久远，创始人阿尔芒·标致的家族出身位于法国杜省瓦朗蒂涅，于 1810 年创立铁工厂，起初生产锯条等手工具，后来产品线扩大到咖啡研磨器、胡椒研磨器，19 世纪 80 年代开始生产自行车，从此标致进入有轮交通工具领域。19 世纪末，阿尔芒·标致在与戈特利布·戴姆勒会面之后，开始对汽车产生兴趣。1889 年 2 月，标致生产出第一辆汽车（三轮蒸汽动力）。1890 年，阿尔芒·标致迅速摒弃蒸汽动力而采用汽油发动机。1890 年第一辆装载汽油发动机的标致汽车在瓦朗蒂涅面世，次年开始批量生产。1896 年，标致推出了自己的发动机，从此不再依靠戴姆勒提供。1901 年，标致推出了摩托车并使用标致品牌直到今天。

▶▶▶ 标志解析

标致品牌历史悠久，品牌标志也经过多次变更，但主体始终是雄狮。标致工厂创立之初主要生产锯条等手工具，之所以将标志设计成雄狮形状，是因为雄狮能够代表标致锯条的三种品质：锯齿经久耐用——像雄狮的牙齿一样；锯条柔韧不易折断——像雄狮的脊柱；锯条切割的速度——像腾跃的雄狮一样迅捷。1858 年 11 月，雄狮标志在法国皇家工艺博物馆注册。后来，原本为锯条设计的雄狮标志逐渐应用到标致的全部工具产品上。1882 年，雄狮标志出现在自行车上，1901 年开始用在摩托车上，1905 年开始用在汽车上。标致品牌最新的标志于 2021 年 2 月推出，其主体是一个壮美的狮头，外层呈盾形轮廓设计。

▶▶▶ 代表车型

标致 508（2023 年款）

标致 4008（2023 年款）

雪铁龙

基本信息	
外文名	Citroën
创立时间	1919 年 3 月
创始人	安德烈·雪铁龙
总部地点	法国圣旺

　　雪铁龙是法国老牌汽车制造商，以其超前的技术扬名于世。雪铁龙汽车的外形设计大多保持独特风格，不追随市场流行。

❱❱❱ 品牌故事

　　1919 年 3 月，安德烈·雪铁龙创立了雪铁龙汽车公司。同年 5 月，雪铁龙汽车公司的 A 型车开始批量生产，拉开了雪铁龙汽车的生产序幕。1920 年，雪铁龙汽车在法国勒芒举行的一次比赛中获得"省油冠军"的称号，从而使雪铁龙声名远扬，直接促进了雪铁龙汽车的销量增长。1921 年，雪铁龙汽车公司着手开拓海外市场。1923 年，安德烈·雪铁龙在美国与亨利·福特见面，带回了福特汽车的流水线生产方法和机床。1929 年，雪铁龙汽车年产量突破 10 万辆大关。20 世纪 30 年代中期到 40 年代中期，雪铁龙汽车公司受经济大萧条、创始人去世、二战等因素的影响，多次面临动荡。二战后，雪铁龙汽车公司再次壮大起来。1976 年，标致汽车公司兼并了雪铁龙汽车公司，自此雪铁龙成为标致雪铁龙集团旗下品牌之一，但它仍然有很大的独立性。

❱❱❱ 标志解析

　　双人字造型是雪铁龙品牌标志永恒的主题，以此纪念发明双人字形齿轮的雪铁龙创始人安德烈·雪铁龙。2022 年 9 月，雪铁龙发布了新的品牌标志，这是雪铁龙品牌自 1919 年创立以来标志的第十次重大更新。这次更新标志代表着成立 103 年的雪铁龙进入了充满活力的年轻化时代，同时，也将加快实现电气化的节奏。

雪铁龙品牌标志的演变历程

▶▶▶ 代表车型

雪铁龙 C5 Aircross

DS

DS AUTOMOBILES

基本信息	
外文名	DS
创立时间	1955 年
创始人	皮埃尔·布朗热
总部地点	法国吕埃马尔迈松

DS 是法国豪华汽车品牌，其法文全称为 Déesse，在法语中是"女神"的意思。

▶▶▶ 品牌故事

1955 年，雪铁龙 DS 在巴黎车展上首次亮相，就以设计和技术上的创新引起了轰动，并引发了汽车界的革命，在汽车发展史上有着非常重要的地位。雪铁龙 DS 极受法国政要的欢迎，被誉为"总统座驾"，从戴高乐到奥朗德，雪铁龙 DS 都是法国总统的不二选择。1999 年 12 月 18 日，在美国内华达州拉斯韦加斯举行的"世纪之车"颁奖典礼上，雪铁龙 DS 荣获"世纪之车"第三名。2009 年，雪铁龙将 DS 独立成一个新品牌，成为法国独有的低排量豪华轿车的代名词。

▶▶▶ 标志解析

DS 品牌标志是字母"DS"的艺术变体，给人婀娜多姿、仪态万方的印象，无愧"女神"之名，同时，还巧妙地融入了同时期雪铁龙品牌标志的元素，表明 DS 是雪铁龙创造的豪华品牌。DS 汽车的设计和它的品牌标志有着相同的含义，雪铁龙 DS 曾经被誉为"世界上最美的汽车"，法国文学家和结构主义大师罗兰·巴特曾用"天降凡尘"来形容雪铁龙 DS 的诞生。

┌─ **小知识：** ─────────────────────────
│　　雪铁龙 DS 的第一个型号是 DS 19。1968 年，DS 19 升级为 DS 20，之后又升级为 DS 21、DS 23。1975 年，雪铁龙 DS 被雪铁龙 CX 取代，至此退出历史舞台。

》》》 代表车型

雪铁龙 DS 23

DS 4（2022 年款）

DS 9（2022 年款）

欧　宝

基本信息	
外文名	Opel
创立时间	1862 年 1 月
创始人	亚当·欧宝
总部地点	德国吕塞尔斯海姆

欧宝是德国乘用车品牌，欧宝设计和制造的汽车在美国、加拿大、墨西哥和中国都以别克品牌销售，在澳大利亚和新西兰以霍尔顿品牌销售，在英国以沃克斯豪尔品牌销售。

▶▶ 品牌故事

1862 年，亚当·欧宝在吕塞尔斯海姆创立了欧宝公司，最初生产缝纫机、自行车。1897 年，公司开始生产汽车。1924 年，公司建成德国第一条生产汽车的流水线，使汽车产量猛增，在德国廉价车领域独占鳌头。1929 年，亚当·欧宝将公司 80% 的股份卖给美国通用汽车公司。两年后，通用汽车公司进一步取得了欧宝公司 100% 的控股权。从此，欧宝汽车公司成为美国通用汽车公司在欧洲的子公司。1935 年，欧宝汽车的年产量超过 10 万辆，成为德国第一大汽车公司。2008 年金融危机爆发后，通用汽车公司决定出售欧宝品牌。2017 年，欧宝品牌被法国标致雪铁龙集团收购。2021 年，标致雪铁龙集团与菲亚特克莱斯勒汽车公司合并为斯特兰蒂斯集团。

▶▶ 标志解析

欧宝在历史上有过很多不同的标志，其中最具代表性的就是"圆圈闪电"标志。这个标志喻示着欧宝汽车风驰电掣，永远充满生机和活力，同时也表明欧宝在空气动力学方面的研究成果。

▌❯❯❯ 代表车型

欧宝 Insignia

欧宝 Grandland

欧宝 Astra

沃克斯豪尔

基本信息	
外文名	Vauxhall
创立时间	1903 年
创始人	亚历山大·威尔逊
总部地点	英国卢顿

沃克斯豪尔是英国乘用车品牌，创立之初曾自主研发车款，后被定位为生产欧宝共用平台的右驾版车款。

》》》品牌故事

沃克斯豪尔汽车公司的历史可以追溯到 1857 年。当时苏格兰工程师亚历山大·威尔逊在英国沃克斯豪尔地区建立了一家生产蒸汽机的工厂，最初的业务是制造船用发动机和铸件，这就是沃克斯豪尔汽车公司的前身。公司选用了 13 世纪这片土地的领主富尔克·布雷昂使用的狮鹫徽标作为标志。沃克斯豪尔的造车历史始于 1903 年。那一年，公司老板霍奇斯在仔细研究了自己的戴姆勒汽车以后，决定生产一种比它更好的汽车，于是沃克斯豪尔汽车进入了研发阶段。虽然第一款沃克斯豪尔汽车只卖出了 43 辆，但还是让霍奇斯看到了希望，于是在此后的十余年时间里先后推出了多款车型。1925 年，美国通用汽车公司收购了沃克斯豪尔，这比欧宝公司被通用汽车公司收购的时间还要早几年。虽然沃克斯豪尔各种车型的销量不断增加，但在通用汽车公司全球汽车战略的调整下，沃克斯豪尔逐渐变成了欧宝在英国的制造工厂。2017 年，沃克斯豪尔品牌被法国标致雪铁龙集团（今斯泰兰蒂斯）收购。

》》》标志解析

13 世纪，骑士富尔克·布雷昂因为卓越的军事才能，被英格兰国王册封为牛津郡和赫特福德郡的郡王，并且授予他佩带武器直接进入皇家卢顿庄园的权力。后来，布雷昂选择狮身鹫首的怪兽格里芬标志作为他的传令符号，而他的领地经过多年的名称演变，最终定为"沃克斯豪尔"。这就是沃克斯豪尔汽车公司的名称以及品牌标志的由来。

》》》 代表车型

沃克斯豪尔 Astra

沃克斯豪尔 COMBO

沃克斯豪尔 Movano

菲亚特

基本信息	
外文名	FIAT
创立时间	1899 年 7 月
创始人	乔瓦尼·阿涅利
总部地点	意大利都灵

菲亚特是意大利著名的汽车制造商，全称为意大利都灵汽车制造厂（Fabbrica Italiana Automobili Torino，FIAT）。

品牌故事

菲亚特由意大利陆军退役军官乔瓦尼·阿涅利及其合伙人于 1899 年创立。菲亚特第一款汽车只生产了 8 辆。1900 年，公司赛车手温琴佐·蓝旗亚获得了赛车冠军。之后，菲亚特汽车的销量开始增长。1903 年，菲亚特由乘用车生产扩展到货车生产，并开始多元化经营。1903 年，菲亚特开始生产船舶发动机，1908 年开始生产航空发动机，1909 年开始生产自行车，1919 年开始生产农耕机。一战期间，菲亚特为意大利陆军生产了牵引能力达 100 吨的拖炮车。20 世纪 20 年代，欧洲国家的很多出租车都是菲亚特品牌。1923 年，菲亚特推出可搭载 4 名乘客的飞机，并兴建了当时欧洲最大的汽车工厂。1925 年，菲亚特推出世界上第一部柴油电力火车头。2014 年 1 月，菲亚特宣布完成对克莱斯勒集团所有股份的收购，克莱斯勒成为菲亚特旗下的全资子公司。同时，菲亚特克莱斯勒集团宣布成立。

标志解析

菲亚特的品牌标志几经变迁，最初是盾形，自 1899 年公司创立时开始采用。1901 年，开始将公司全称的首字母缩写 FIAT 作为品牌标志。1921 年出现了圆形 FIAT 标志，1931 年开始使用矩形 FIAT 标志。此外，公司还使用过椭圆形、圆角矩形等形状的标志。2020 年，菲亚特推出了全新的品牌标志，取消了旧标志的红色背景和银色边框的圆形光盘，只留下了简洁的 FIAT 字样，而且字号较大。

❱❱❱ 代表车型

菲亚特 Tipo（2023 年款）

菲亚特 Toro（2023 年款）

玛莎拉蒂

玛莎拉蒂是意大利著名的赛车与跑车制造商。玛莎拉蒂曾经是法拉利的一部分，现为斯特兰蒂斯拥有。

基本信息	
外文名	Maserati
创立时间	1914 年 12 月
创始人	阿尔菲耶里·玛莎拉蒂
总部地点	意大利摩德纳

▶▶ 品牌故事

玛莎拉蒂一家共有 7 个兄弟，在 20 世纪初都涉足汽车行业。老大卡罗在 1898 年设计出一款单气缸摩托车发动机后，被菲亚特与伊索塔·弗拉西尼车厂聘为技术顾问与试车员，其他兄弟大多也加入了伊索塔·弗拉西尼车厂。1910 年卡罗在赛车中去世，1914 年老四阿尔菲耶里与老五马里奥、老六埃托雷一起离开伊索塔·弗拉西尼车厂，在波隆那创立了玛莎拉蒂公司。玛莎拉蒂公司最初以改装汽车为主，在 1926 年研发出第一款玛莎拉蒂汽车。1940 年，玛莎拉蒂公司总部迁至玛莎拉蒂兄弟的家乡摩德纳。1968 年，玛莎拉蒂公司被雪铁龙公司收购。1975 年，玛莎拉蒂公司被贝纳利摩托车公司收购。1993 年，玛莎拉蒂公司由菲亚特所有。1997 年，菲亚特出售 50% 的股份给玛莎拉蒂长期的主要对手法拉利。1999 年，法拉利全权控制玛莎拉蒂，并将其改为豪华车部门。2005 年，玛莎拉蒂从法拉利中分割出来并由菲亚特完全控制。

▶▶ 标志解析

三叉戟标志贯穿了玛莎拉蒂百余年的发展史。相传三叉戟是古希腊神话中海神波塞冬手中威力无比的权杖和武器，是海神至高无上、颠覆一切威力的象征。玛莎拉蒂的标志设计汲取了三叉戟的灵感，寓意玛莎拉蒂拥有海神般不屈不挠的毅力和翻江倒海的力量。

>>> **代表车型**

玛莎拉蒂 MC20(2020 年款)

玛莎拉蒂莱万特 (2021 年款)

玛莎拉蒂总裁 (2022 年款)

阿尔法·罗密欧

基本信息	
外文名	Alfa Romeo
创立时间	1910 年 6 月
创始人	亚历山大·达拉克
总部地点	意大利米兰

阿尔法·罗密欧是意大利著名的轿车和跑车制造商。自 20 世纪初发展至今，阿尔法·罗密欧已经成为性能、艺术、个性、品位和追求的代名词，其光辉的发展历史，同时也是汽车、设计师、赛车及发动机的发展史。

品牌故事

阿尔法·罗密欧的前身最早可以追溯到 1906 年由亚历山大·达拉克创立于那不勒斯，后迁至米兰的一家汽车公司。公司原名为伦巴第汽车制造厂（ALFA）。1916 年，出身那不勒斯的尼古拉·罗密欧入主该公司，并将自己的家族姓氏融入公司名称中，从而成为今日的阿尔法·罗密欧。1986 年，阿尔法·罗密欧被菲亚特集团收购。随着菲亚特克莱斯勒汽车公司于 2020 年与标致雪铁龙集团合并，并于翌年正式成立斯特兰蒂斯集团，阿尔法·罗密欧便顺理成章地成为该集团旗下的子品牌。

标志解析

阿尔法·罗密欧的品牌标志主要是为了纪念米兰市的创始人维斯康泰公爵及其家族。标志分左右两部分，左边的红色十字是维斯康泰家族徽章的一部分；右边是龙形蛇图案，象征维斯康泰公爵的祖先曾击退使该城人民遭受苦难的"龙蛇"。

▶▶▶ 代表车型

阿尔法·罗密欧 8C Spider（2010 年款）

阿尔法·罗密欧（2022 年款）

阿尔法·罗密欧斯坦维（2022 年款）

蓝旗亚

基本信息	
外文名	Lancia
创立时间	1906 年 11 月
创始人	文森佐·蓝旗亚
总部地点	意大利都灵

蓝旗亚是意大利一个历史悠久的汽车品牌，在世界豪华车市场上占有一席之地。多年来，蓝旗亚凭借自己的创造力和制造技术生产了许多影响力较大的车型。

品牌故事

文森佐·蓝旗亚出生于 1881 年，早年受雇于都灵的切拉诺汽车厂。后来切拉诺汽车厂被菲亚特公司接管，文森佐·蓝旗亚也随之转入菲亚特公司。1906 年，文森佐·蓝旗亚离开菲亚特公司，在意大利工业城市都灵创立了自己的汽车厂，命名为蓝旗亚公司。从初创时起，蓝旗亚汽车就在赛车场上频频获胜，为蓝旗亚树立起光辉的品牌形象。1937 年，文森佐·蓝旗亚去世，其家属负责管理公司。二战后，公司状况不断恶化，1955 年，蓝旗亚公司被一名意大利企业家收购，但形势依然没有好转。1969 年，菲亚特公司购买下蓝旗亚公司后，蓝旗亚公司开始专注于高档轿车、跑车的生产，其产品在欧美各国受到欢迎。

标志解析

"Lancia"（蓝旗亚）在意大利语中解释为"长矛"，因此蓝旗亚的品牌标志便以长矛作为主题，代表了企业奋斗的精神，再加上旗帜上的公司名称，简洁地体现了"蓝旗亚"的全部意义，表现出蓝旗亚公司争强好胜、勇于拼搏的创业精神。

▶▶▶ 代表车型

蓝旗亚 Delta（1991 年款）

蓝旗亚 Thema（2012 年款）

蓝旗亚 Ypsilon（2023 年款）

阿巴斯

基本信息	
外文名	Abarth
创立时间	1950 年
创始人	卡洛·阿巴斯
总部地点	意大利都灵

阿巴斯是意大利一家汽车改装公司，现隶属于斯泰兰蒂斯集团的子公司菲亚特克莱斯勒，主要生产菲亚特车型的高性能版本。

❯❯ 品牌故事

卡洛·阿巴斯于 1908 年 11 月 15 日出生在奥地利维也纳。17 岁时，他成为意大利卡斯塔尼亚汽车设计工作室的一名学徒。1927 年，他回到了奥地利并在一家摩托车厂工作，同时开启了他的摩托车比赛生涯。卡洛·阿巴斯曾五次被授予"欧洲冠军"的称号，在其他赛场上也取得了不小的成绩。二战后，卡洛·阿巴斯回到意大利，并于 1950 年创立了自己的公司，最初主要生产汽车配件。后来，阿巴斯开始进行量产车型的改装，主要是菲亚特车型。这些价位相对较低的菲亚特车型经过阿巴斯的性能调整与改装，往往能够爆发出强大的动力，从而在比赛中获胜。此后，菲亚特直接将未配置完整的汽车运往阿巴斯公司进行配件的补充与性能的调教。1971 年，菲亚特收购了阿巴斯。

❯❯ 标志解析

阿巴斯品牌标志的整体图案是一个盾牌形状，代表坚不可摧。盾牌的中间是一只充满战斗力的蝎子，代表攻无不克。色彩方面以红色和黄色为主。其最新标志中加入了绿色、白色和红色条纹，以示其起源于意大利。

▶▶▶ 代表车型

阿巴斯 205A（1950 年款）

阿巴斯 124 Spider（2020 年款）

阿巴斯 Pulse（2023 年款）

⚙ 世界跑车之都——意大利摩德纳

　　提起意大利，人们首先会想到时尚之都米兰，抑或是文艺复兴的发源地佛罗伦萨。然而位于这两大城市之间的小城摩德纳，却有着足够吸引人的资本：这里不仅有意大利足坛老牌球队摩德纳俱乐部，也有欧洲最古老名校之一的摩德纳大学，还因为是著名男高音歌唱家帕瓦罗蒂的故乡而闻名遐迩，更重要的是，摩德纳也是全球当之无愧的车迷朝圣地——世界顶级名车法拉利、兰博基尼、玛莎拉蒂、德·托马索、帕加尼等多家公司的总部都设在该市郊区，摩德纳出厂的著名跑车在世界各地演绎着极速传奇。

　　摩德纳位于意大利艾米利亚 - 罗马涅大区北部，交通便利，在历史上有着极其重要的战略地位。来到摩德纳，映入眼帘的名胜古迹彰显这个城市历史的厚重，其中摩德纳大教堂、广场、钟楼闻名欧洲，并被联合国教科文组织列入"世界遗产"名录；但丁广场设计独特、别具一格；摩德纳最著名的杜奥莫大教堂是这个地区最出色的罗马式建筑。摩德纳拥有悠久的历史和文化传统，不仅是文艺复兴时期的重要城市之一，而且欧洲和意大利历史上许多重大事件也与这座城市相关联，比如引发整个欧洲大战、改变各国版图和历史进程的"水桶事件"就爆发于摩德纳和与其相邻的博洛尼亚两个城市之间。

　　随着近代工业经济的发展，再加上意大利中小企业历来有着重视品牌发展的优良传统，摩德纳有许多品牌脱颖而出，除了优势产业汽车以外，道格拉斯陶瓷和萨索罗瓷砖也是欧洲各国中央和地方政府、议会、大公司、富豪以及阿拉伯王公贵族的首选产品。巴尔萨米哥黑醋也是源自摩德纳并畅销欧洲各国的著名品牌，经常出现供不应求的情况。

摩德纳街景

　　然而对于许多意大利人来说，速度和名车才是摩德纳真正的品牌标签，意大利著名跑车"二王一后"法拉利、兰博基尼和玛莎拉蒂都发源于此，帕加尼、德·托马索同样与摩德纳有着不解的渊源。

　　法拉利、兰博基尼、玛莎拉蒂这三个世界级跑车品牌自创立以来，就开始了数十年的恩怨纠葛。其中最负盛名的法拉利品牌由恩佐·法拉利创建，曾经想当一名体育记者或是歌剧演员的法拉利在一战退伍后突然对赛车产生兴趣，并辗转于菲亚特汽车公司和阿尔法·罗密欧公司工作。后来在阿尔法的支持下，他负责设计及安装供赛车用的跑车及高性能跑车，并以他的姓氏为车名，标志是一匹跃马。1940年，脱离阿尔法公司的法拉利开始自行设计装嵌赛车，经历了二战的休整后，法拉利于1946正式创办了法拉利汽车公司，并在与玛莎拉蒂的竞争中始终占据上风，自此开始了称霸全球跑车市场长达半个多世纪的传奇。

法拉利总部

　　而车标为三叉戟标志的"玛莎拉蒂"名字来源于意大利瓦格纳的一个普通家庭，火车司机罗德夫·玛莎拉蒂的六个儿子都参与了缔造玛莎拉蒂品牌的工作。1914年，玛莎拉蒂公司正式成立。1993年，玛莎拉蒂公司被菲亚特公司收购，但品牌得以保留，与老对手法拉利成为同门。1997年7月1日，玛莎拉蒂与法拉利车厂合作生产的3200GT跑车，将科技含量、优异性能和乘坐舒适性集于一身，在

玛莎拉蒂总部

后来的法国巴黎汽车展上引起了极大轰动，使玛莎拉蒂重新跨入到世界顶尖 GT 运动车的行列中来。

　　而兰博基尼曾以生产拖拉机起步，其创始人费鲁吉欧·兰博基尼以特立独行著称，传说这位法拉利的铁杆车迷在求见恩佐·法拉利遭拒后就发誓要把战胜法拉利作为自己奋斗的目标，并从法拉利和玛莎拉蒂拉来了大量的人才。1963 年 10 月 26 日，兰博基尼在意大利都灵车展上推出他的第一部作品 350GTV，极速可达 280 千米/时，且仅生产一辆。自此在跑车领域，兰博基尼和法拉利、玛莎拉蒂开始了近半个世纪的激烈竞争。

　　而帕加尼的创立颇具传奇色彩，阿根廷赛车设计师听从了他人的建议，于 1982 年来到摩德纳学习跑车制造技术，不到 10 年就成立了自己的摩德纳设计工作室，并于 1999 年推出风之子跑车。由于其财力雄厚，而且是全手工打造的超级跑车，所以对法拉利等传统跑车品牌形成了竞争态势，也让帕加尼成为青出于蓝而胜于蓝的典范。

兰博基尼总部

　　随着德·托马索、布加迪、斯坦圭里尼等同样源于摩德纳的跑车品牌陆续崛起，"引擎之都""名车之乡"的称号对于摩德纳来说就显得更加名副其实。

帕加尼总部

2.5　雷诺集团

 雷　诺

基本信息	
外文名	Renault
创立时间	1898 年 10 月
创始人	路易·雷诺 马塞尔·雷诺 费尔南·雷诺
总部地点	法国布洛涅 - 比扬古

雷诺是法国老牌汽车制造商，产品涵盖轿车、运动型多用途车、客车、卡车、工程车等多种类型。

▶▶▶ 品牌故事

1898 年 10 月，路易·雷诺在布洛涅 - 比扬古创立雷诺工厂，后改组为雷诺股份有限公司，生产各种车辆。一战中，雷诺为军方生产枪支弹药、飞机和轻型坦克。战后，雷诺恢复了传统的生产活动，并不断开辟新的领域和部门，加强同其他工业公司的联系，成为当时法国最大的工业企业之一。二战期间，雷诺曾为德国生产武器，1944 年 9 月被法国政府接管，路易·雷诺被惩处。1945 年雷诺被收归国有，由政府委派董事长，组成管理机构，并改用现名。此后，公司迅速恢复和发展，逐步实现了经营多样化。1996 年开始，法国政府开始大量释出股份，使雷诺逐渐转为民营汽车公司。

▶▶▶ 标志解析

雷诺公司以创始人路易·雷诺的姓氏命名，典型的图形标志是四个菱形拼成的图案，象征雷诺三兄弟与汽车工业融为一体，表示雷诺能在无限的（四维）空间中竞争、生存和发展。其于 2021 年推出的全新车标采用了扁平化设计，由原先的三维图形变为二维图形，整个标志仅由两条菱形折线组成。

小知识：

　　路易·雷诺是一名很有天分的汽车工程师，在与他的兄弟建厂前就已凭一己之力设计出不少款车。建厂后，路易·雷诺负责车辆的制造和设计，他的兄弟则负责公司经营。路易·雷诺和马塞尔·雷诺经常参加赛车活动，并曾夺得冠军，成功地提升了自己的品牌知名度。1903 年，马塞尔·雷诺在比赛中身亡。此后，路易·雷诺不再驾驶赛车，但他的公司仍然积极参与赛车活动。1906 年，雷诺 AK 90CV 赢得法国汽车大奖赛。

》》代表车型

雷诺阿拉斯加（2020 年款）

雷诺科雷傲（2022 年款）

阿尔品

基本信息	
外文名	Alpine
创立时间	1955 年 6 月
创始人	让·雷德莱
总部地点	法国迪耶普

阿尔品是一家法国汽车制造商，主要生产赛车、跑车和运动型汽车，现为雷诺集团旗下跑车品牌。

品牌故事

阿尔品的创始人让·雷德莱曾是雷诺汽车经销商和拉力赛车手，1955年他在迪耶普创立了自己的公司，试图制造一辆由自己独立设计的双门跑车。1962 年，阿尔品公司推出了阿尔品 A110 跑车。该车是基于雷诺 4CV 的底盘平台开发而来，20 世纪 70 年代初在一些拉力赛中表现出色，并且参加了勒芒耐力赛。1975 年，陷入财务危机的阿尔品公司被雷诺公司收购。随后，雷诺进一步壮大了阿尔品。20 世纪 90 年代，由于跑车市场的竞争日益激烈，阿尔品逐渐退出了市场。2007 年，雷诺宣布重启阿尔品品牌，并在 2012 年发布了雷诺阿尔品 A110-50 概念车。2012 年 11 月，雷诺宣布出让阿尔品 50% 的股权给英国跑车制造商凯特汉姆，并成立联合公司以研发新的阿尔品品牌与凯特汉姆品牌跑车。2021 年，雷诺车队为了宣传阿尔品品牌，将雷诺车队改名为阿尔品车队。

标志解析

让·雷德莱曾经代表雷诺汽车赢得阿尔卑斯山公路赛，"Alpine"（阿尔品）这个名字就是由"Alps"（阿尔卑斯）演变而来。阿尔品的图形标志是字母"A"的艺术变体，看起来就像一座巍峨的雪山。

❱❱❱ 代表车型

阿尔品 A310（1983 年款）

阿尔品 A522（2022 年款）

阿尔品 A110（2023 年款）

达契亚

达契亚是罗马尼亚乘用车、商用车品牌，也是罗马尼亚目前最大的汽车制造企业，其母公司为法国雷诺集团。

基本信息	
外文名	Dacia
创立时间	1966 年
创始人	不详
总部地点	罗马尼亚苗韦尼

品牌故事

达契亚汽车公司创立于 1966 年，1968 年推出首款车型。虽然达契亚旗下的车型没有华丽的外观和新锐的技术，但是仍然在商业市场上取得了成功。因为达契亚能够以相对低廉的价格，满足出租车、货物运输、日常代步等出行需求。1999 年，雷诺集团收购了达契亚品牌，将其作为自己的第三个品牌进行管理。即使在 2021 年雷诺集团进行了组织架构的重组后，达契亚品牌依旧坚持着主打低成本汽车市场的定位。

标志解析

达契亚的名称源于罗马尼亚的古称。近年来，随着电气化的加速，各大汽车品牌改头换面，以一个全新的面貌再次起航。为了纪念这一历史性且重要的阶段，达契亚也在 2021 年发布了全新的品牌标志。新标志抛弃了有点像"开瓶器"的银色盾牌形状，改为左右镜像对称的抽象化"DC"字样。字标"DACIA"采用了相同的设计造型，每个字母都棱角分明，极富现代气息。

>>> **代表车型**

达契亚 Sandero Stepway（2022 年款）

达契亚 Jogger（2022 年款）

⚙ 世界一级方程式锦标赛

世界一级方程式锦标赛（FIA Formula One World Championship，F1），是国际汽车运动联合会（FIA）举办的最高等级的年度系列场地赛车比赛，也是当今世界最高水平的赛车比赛，与奥运会、世界杯足球赛并称为"世界三大体育盛事"。首次比赛于 1950 年在英国银石赛道举行。

世界一级方程式锦标赛标志

F1 赛车为单座的特制赛车，座舱是敞露在外的，巨大的轮胎也是暴露在车身外面的，没有翼子板遮挡。F1 赛车不能在普通道路上行驶，也不在汽车厂的流水线上生产，而是由各赛车公司或车厂的赛车运动部单独设计和制造的。

F1 赛车的时间不是跨年度的，使用的是单一年度联赛制度，累计全年积分来决定车手和车队的成绩，以便产生冠军。在 F1 赛车举办过的所有比赛中（1950 年至 2010 年），举办最多的是欧洲，其次是北美洲，最少的是大洋洲（只有 11 次）。每年规划有 16 站至 17 站的比赛（2012 年赛季达到 20 站比赛），通常约在三月中旬开跑，十月底结束赛季。按照 F1 赛车的章程，成立车队的必要条件是拥有自主研发的底盘、发动机总成、空气动力学套件等，也可以使用其他车队或厂家的产品。

2008 年世界一级方程式锦标赛

　　早期的 F1 赛车常借用城市的街道和公路作为赛道，而且比赛规则也不完善，选手也由此受到了很大的局限。随着专业赛道的出现和比赛规则的不断完善，使车手更专注于比赛。目前，F1 赛车是在世界各地的十多个封闭的环形线路进行的（包括专业的环形赛车场和个别封闭后的城市街道），起终点在一条线上。赛道为改性沥青，每个赛道的周长不等，最短的是摩纳哥的蒙特卡罗街区赛道，单圈长度为 3.3 千米，最长的是比利时的斯帕 - 弗朗科尔尚赛道，单圈长度为 7 千米。

比利时斯帕 - 弗朗科尔尚赛道

　　F1 赛车手中最著名的是德国车手迈克尔·舒马赫。他一共获得了七次世界冠军，并且创造了诸多赛车界前无古人的纪录，在世界体坛享有很高的声誉。迈克尔·舒马赫于 1991 年 8 月 25 日第一次参加比赛，2006 年 9 月 10 日退役，2009 年 12 月 23 日宣布复出，2012 年 10 月 4 日再次退役。

比赛中的迈克尔·舒马赫

　　在迈克尔·舒马赫之前还有一位巴西籍的天才车手：埃尔顿·塞纳。他 4 岁开始开卡丁车，13 岁开始参加卡丁车赛，1984 加入杜尔曼车队开始了自己的 F1 生涯，曾于 1988 年、1990 年、1991 年三度夺取 F1 世界冠军。1994 年 5 月 1 日，埃尔顿·塞纳在圣马力诺大奖赛上意外丧生，年仅 34 岁。

2.6　沃尔沃集团

 沃尔沃

基本信息	
外文名	Volvo
创立时间	1927 年
创始人	古斯塔夫·拉尔森 阿瑟·格布里森
总部地点	瑞典哥德堡

沃尔沃是瑞典豪华汽车品牌，以其安全性和可靠性而闻名，曾开发出许多创新的技术，包括三点式安全带、防抱死制动系统、碰撞测试模拟等。

品牌故事

沃尔沃的创始人古斯塔夫·拉尔森和阿瑟·格布里森原本是瑞典知名滚珠轴承制造厂斯凯孚的员工，其中拉尔森是工程师，而格布里森则是国际营销部门经理。1925 年 9 月，两人说服斯凯孚董事会，借用了公司位于特斯兰大的厂房，开始测试汽车组装。1926 年 8 月，两人获得政府授权，正式开始量产。后于 1927 年 4 月正式上市第一款车型。由于沃尔沃汽车的销售业绩出众，自 1935 年起，沃尔沃升格为一家独立公司。之后，沃尔沃的业务逐渐拓展到卡车、客车、建筑设备、游艇及工业用发动机等。1999 年 3 月，沃尔沃集团将乘用车部门"沃尔沃汽车"卖给美国福特汽车公司。2010 年 3 月，中国吉利控股集团获得"沃尔沃汽车"的全部股权及其相关资产。目前，沃尔沃卡车、沃尔沃客车仍属于沃尔沃集团。

标志解析

1915 年 6 月，"Volvo"名称首先在斯凯孚的一个滚珠轴承上出现，并正式在瑞典皇家专利与商标注册局注册。在拉丁语中，"Volvere"是动词"roll"（滚动）的不定式。在采用第一人称单数形式时，动词"Volvere"就成为"Volvo"。因此，"Volvo"意为"滚滚向前"。沃尔沃的文字标志采用古埃及字体。其图形标志的主体是一个带箭头的圆圈，箭头呈对角线方向指向右上角。这是铁元素的古老化学符号，长期以来一直被包括瑞典在内的欧洲国家看成是钢铁工业的象征。沃尔沃之所以采用代表铁元素的品牌标志，是为了让人们联想起有着光辉传统的瑞典钢铁工业，以及钢铁般强硬的实力。

》》 代表车型

沃尔沃 S90（2023 年款）

沃尔沃 XC90（2023 年款）

雷诺卡车

基本信息	
外文名	Renault Trucks
创立时间	1978 年
创始人	马里乌斯·贝利埃
总部地点	法国里昂

雷诺卡车与雷诺共享品牌的名称及标志，但雷诺卡车实际上为沃尔沃集团所有，且拥有电动卡车项目。

品牌故事

1956 年，雷诺公司为了统一生产卡车和客车，成立了子公司——萨威姆公司，这就是雷诺卡车的前身。在 20 世纪 70 年代法国汽车业并购潮中，萨威姆公司和贝利埃公司合并，变成了雷诺商用车公司。1987 年雷诺商用车公司增持了母公司雷诺公司的股权，成为最大股东。1990 年，雷诺商用车公司收购了美国著名卡车品牌马克。在 2001 年以前，雷诺商用车公司一直是法国主要的卡车制造商。2001 年，沃尔沃集团收购了雷诺公司的卡车业务，同时获得了两个品牌——雷诺和马克。自此，重型卡车沃尔沃、中型卡车雷诺和主打美国市场的马克便构成了沃尔沃集团六大业务中的卡车业务，而且它们在市场定位上互相补充。

标志解析

雷诺卡车与雷诺乘用车的品牌标志相同，最新的图形标志采用了时下流行的二维扁平化设计，保留了雷诺传统的钻石元素，简单的两条线产生了互补和连续运动的感觉，没有过多的效果或色彩装饰。新标志不仅是向雷诺的历史致敬（20 世纪 70 年代雷诺曾使用过类似线条形式的标志），还赋予了它全新的意义和挑战。

>>> **代表车型**

雷诺 C320 卡车

雷诺 E-Tech T 纯电动卡车

2.7　阿斯顿·马丁 - 拉贡达公司

阿斯顿·马丁

阿斯顿·马丁是英国豪华汽车品牌，主要生产豪华跑车及大型旅行车。

基本信息	
外文名	Aston Martin
创立时间	1913 年 3 月
创始人	莱昂内尔·马丁 罗伯特·班福特
总部地点	英国盖顿

▶▶ 品牌故事

阿斯顿·马丁品牌由莱昂内尔·马丁和罗伯特·班福特于 1913 年在英国创立，公司最初名为班福特和马丁有限公司。1915 年，第一辆品牌名称为阿斯顿·马丁的汽车组装完成。该公司主要制造可行驶于一般道路的赛车，并因此积极参与赛车活动。直到 1936 年，公司决定将精力放在普通汽车的研制上。1947 年，大卫·布朗爵士收购了阿斯顿·马丁公司。由于财务问题，布朗不得不于 1972 年将其出售给伯明翰的一家公司。1975 年，该公司再次被出售给两名北美商人。1987 年，美国福特汽车公司取得该公司 75% 的股权，并于 1994 年将其完全收购。2007 年，英国赛车公司普罗迪夫所领导的财团从福特手中购得阿斯顿·马丁。

▶▶ 标志解析

阿斯顿·马丁的品牌标志是一个由多片羽毛组合而成的 "V" 形图样，就像一只展翅飞翔的大鹏，"ASTON MARTIN" 字样被直接镶嵌在翅膀中间。该标志喻示阿斯顿·马丁像大鹏一样，具有从天而降的冲刺速度和远大的志向。

》》代表车型

阿斯顿·马丁 One-77（2009 年款）

阿斯顿·马丁火神（2015 年款）

阿斯顿·马丁 DBS（2018 年款）

拉贡达

　　拉贡达是英国豪华汽车品牌，自 1947 年以来一直由阿斯顿·马丁拥有。该品牌在豪华车市场中不连续存在，在其存在期间曾多次处于休眠状态。

基本信息	
外文名	Lagonda
创立时间	1906 年
创始人	威尔伯·冈恩
总部地点	英国米德尔塞克斯

▶▶▶ 品牌故事

　　拉贡达公司于 1906 年在英国米德尔塞克斯郡成立，创始人是苏格兰裔美国人威尔伯·冈恩。拉贡达这个名称来自威尔伯·冈恩家乡附近的一条小河。拉贡达第一辆汽车被命名为"鱼雷"（Torpedo），于 1907 年诞生。随后又有一批又一批的拉贡达汽车被制造出来，其中有一部分出口到了俄国。到了 1935 年，拉贡达公司被阿兰·古德收购。一战期间，拉贡达公司专门生产炮弹。1947 年，拉贡达公司由大卫·布朗爵士接管，并入了阿斯顿·马丁公司。20 世纪 90 年代，拉贡达再也没有生产新车，所有车型都已停产，这个品牌逐渐被人遗忘。直到 2008 年，阿斯顿·马丁高层决定研发售价高达 100 万英镑的顶级豪华车，拉贡达品牌又重新复活。

▶▶▶ 标志解析

　　拉贡达品牌的标志与阿斯顿·马丁品牌的图形标志极相似，同样是在双翅图样中间嵌入了品牌名称，喻示着拉贡达汽车具有飞行般的速度。

》》 代表车型

拉贡达 Rapide（1961 年款）

阿斯顿·马丁拉贡达（1987 年款）

拉贡达 Taraf（2015 年款）

2.8　嘎斯集团 ＜＜＜＜

嘎　斯

基本信息	
外文名	GAZ
创立时间	1932 年 1 月
创始单位	苏联最高国民经济会议
总部地点	俄罗斯下诺夫哥罗德

嘎斯是一家俄罗斯汽车制造商，正式名称为高尔基汽车厂。它是嘎斯集团的核心企业，主要生产轿车、越野车、卡车等。

▶▶▶ 品牌故事

1929 年 3 月苏联第一个五年计划期间，苏联最高国民经济会议发布命令决定建造年产 10 万辆卡车的工厂，格拉夫·马什德拉被任命为建厂总指挥。1929 年 5 月，苏联政府与美国福特汽车公司签署协议，苏方购买1300 万美元的零部件，福特汽车公司为苏方提供十年的建厂技术援助。1931 年 11 月，新厂房建成。1932 年 1 月，工厂正式投产。1933 年，工厂更名为高尔基汽车厂。1935 年至 1956 年，工厂以莫洛托夫命名。之后，工厂再改名为高尔基汽车厂（其俄文简称被音译为"嘎斯"）。

▶▶▶ 标志解析

嘎斯品牌以往的图形标志既像盾牌又像王冠，以蓝白为底色，中间是一头正在奔跑的驯鹿，下方是公司名称的首字母缩写（俄文）。2015 年，嘎斯品牌推出了全新的品牌标志，取消了盾牌元素，只留下驯鹿和公司名称，并且只有单一颜色。

嘎斯品牌标志演变历程

代表车型

嘎斯 GAZ-13（1960 年款）

嘎斯 GAZ-14（1976 年款）

伏尔加

伏尔加是俄罗斯著名的轿车品牌，具有经久耐用、马力强劲的特点。伏尔加轿车曾是苏联政府的标准公务用车，也曾出口到世界多个国家。

基本信息	
外文名	Volga
创立时间	1956 年
创始单位	高尔基汽车厂
总部地点	俄罗斯下诺夫哥罗德

》》》 品牌故事

1956 年 10 月，伏尔加品牌的第一辆汽车在高尔基汽车厂组装成功。1958 年，配装苏联国产发动机的伏尔加轿车在比利时布鲁塞尔国际工业展上亮相，一举夺得最高奖项。从此，伏尔加汽车作为苏联和俄罗斯汽车工业的象征扬名世界。当时人们对它的评价是车身线条流畅、装饰独特。比利时人称其为"车轮上的坦克"，英国人则称其为"能负重的马"。如今，随着外国汽车品牌的大量涌入和俄罗斯国内汽车产能的停滞，伏尔加汽车则更多地出现在了俄罗斯人的记忆里而非道路上。

》》》 标志解析

伏尔加品牌的标志与嘎斯品牌的标志极相似，图形标志的主体都是一头驯鹿。这是俄罗斯驯鹿文化的具体象征，体现着俄罗斯人对驯鹿的某种心灵崇拜，也象征着伏尔加汽车与驯鹿一样坚韧、顽强，性能出众，又具有一定的野性。

》》 代表车型

伏尔加 GAZ-24

伏尔加 GAZ-3110

伏尔加 GAZ-31105

2.9　欧洲其他品牌

 博　速

基本信息	
外文名	Brabus
创立时间	1977 年
创始人	波多·布什曼
总部地点	德国博特罗普

博速（Brabus）是一家德国运动型汽车改装厂商，同时也是德国汽车管理局认可的汽车生产商。

▶▶ 品牌故事

波多·布什曼于 1955 年出生于德国北部，1977 年创立博速，主要对梅赛德斯 - 奔驰车型进行动力学改装。1985 年，博速首次进入吉尼斯世界纪录大全，一台装载着博速套件的梅赛德斯 - 奔驰 E 级轿车在风洞测试中创下了风阻系数 0.26 的优异成绩。此后，博速改装的车型多次创下吉尼斯纪录。2005 年，波多·布什曼被选为世界改装协会主席。如今，博速拥有容量超过 10 万立方米的仓库，采用先进的电子数据处理设备进行管理，能确保快速向世界各地供应部件。博速还拥有自己的汽车试验跑道，可以完成主要的行驶试验。博速改装的对象也不局限于梅赛德斯 - 奔驰车型。

▶▶ 标志解析

博速品牌的图形标志是一个圆形，圆形内部是双 B 字样。这个标志有两层含义：第一层含义是创始人波多·布什曼（Bodo Buschmann）的姓名，首字母是两个 B；第二层含义是博速总部所在地博特罗普（Bottrop），首字母也是 B。

>>> **代表车型**

由梅赛德斯 - 奔驰 C 级改装而来的博速 B30

由梅赛德斯 - 奔驰 GLE 级改装而来的博速 GLE 900

由保时捷 911 Turbo S 改装而来的博速 820

卡尔森

基本信息	
外文名	Carlsson
创立时间	1989 年
创始人	罗尔夫·哈特格 安德烈亚斯·哈特格
总部地点	德国梅尔齐希

卡尔森是一家德国汽车改装公司，成立于 1989 年，以提供高性能梅赛德斯 - 奔驰车型的改装和调校服务而闻名。

品牌故事

1989 年，卡尔森公司成立，开始提供梅赛德斯 - 奔驰车型的性能改装服务。2000 年，卡尔森开始与梅赛德斯 - 奔驰官方合作，成为梅赛德斯 AMG 的认证合作伙伴。2005 年，卡尔森推出了 C-Tronic CB 系列电子调校系统，用于提高梅赛德斯 - 奔驰车型的动力和燃油经济性。之后，卡尔森又推出了多款运动车型和豪华车型。由于长期销售低迷，卡尔森于 2015 年 5 月宣布破产。同年 12 月 4 日，卡尔森的业务由韩国汽车零部件制造商三宝汽车公司接管，并以 "卡尔森汽车技术有限公司" 的名称继续运营。

标志解析

卡尔森品牌图形标志的主体是一匹奔跑着的黑色骏马，它代表着速度、力量和动感，体现了卡尔森注重速度和动感的品牌形象，也突出了卡尔森在改装方面的专业性和技术实力。整个标志采用现代化的设计风格，颜色为黑色，看起来非常鲜明、有力。它非常符合现代设计的趋势，简洁、清晰、易于辨认。

>>> 代表车型

卡尔森 C25

卡尔森 CK35

卡尔森 CE30

泰卡特

基本信息	
外文名	TechArt
创立时间	1987 年
创始人	托马斯·贝林格
总部地点	德国莱昂贝格

泰卡特是一家德国豪华汽车和超级跑车改装厂商，其名称非常准确地阐明了公司的宗旨：技术与艺术的完美结合。

品牌故事

1987 年，泰卡特汽车公司成立，最初专注于保时捷车型的改装和升级。1990 年，泰卡特推出了基于保时捷 911 改装的首款车型，配备了改进的发动机和悬架系统，以及更加个性化的外观设计。1995 年，泰卡特获得了对车辆进行独立编制车架号的认证。2003 年，泰卡特开始将业务扩展到宾利、玛莎拉蒂等豪华品牌的改装领域，为客户提供更加多样化和个性化的车辆改装服务。2013 年，泰卡特在广州车展上发布了全新的整车品牌标志，宣布以整车制造商的身份正式进入中国市场。

标志解析

泰卡特整车品牌标志中的英文副品牌名为"Tech8"，在德语中，"8"（acht）和"Art"发音相同，所以"8"是"艺术"的缩写，"Tech8"的中文读音还是"泰卡特"。盾形标志中持金钥匙的徽兽来源于泰卡特和保时捷总部所在地巴登-符腾堡州的州徽，其中狮鹫代表巴登，麋鹿代表符腾堡。

》》代表车型

由保时捷 911 改装而来的泰卡特 GTstreet R

由保时捷 997 Carrera 改装而来的泰卡特 997 Carrera

由保时捷卡宴改装而来的泰卡特 Magnum

宝 沃

基本信息	
外文名	Borgward
创立时间	1919 年
创始人	卡尔·宝沃
总部地点	德国不来梅

宝沃是一家德国传统汽车制造商，曾经红极一时，但在 20 世纪 60 年代初突然被强制停业。

▶▶▶ 品牌故事

宝沃公司的创始人为德国工程师卡尔·宝沃，总部位于德国不来梅。宝沃汽车曾经是德国最早采取自动变速箱和气压避震器的汽车，但最终由于未能妥善控制经营成本和新技术带来的品质问题而衰落。1963 年，宝沃被不来梅市政府强制停业。2014 年，中国福田汽车公司斥资 500 万欧元收购宝沃品牌，并于 2016 年 1 月正式成立北京宝沃汽车公司，之后，陆续推出了 BX3、BX5、BX6、BX7 等车型。2022 年，北京宝沃汽车公司破产清算。

▶▶▶ 标志解析

在德语中，"Borg"是城堡之意，"Ward"象征统治者的权威。"Borgward"寓意"城堡守护者"，充满品牌魅力与时代张力。该品牌的中文名称为"宝沃"，其中"宝"同"Borg"，是珍贵、地位的象征。"沃"同"Ward"，寓意丰盛、润泽和富饶，合二为一，取物华天宝、沃壤千里之意。宝沃品牌的图形标志是一个菱形，由两个白色的三角形和两个红色的三角形组成，中间嵌入了品牌名称。

>❯❯ **代表车型**

宝沃 Hansa 1500（1950 年款）

宝沃 P100（1960 年款）

宝沃 BX7（2021 年款）

梅尔库斯

基本信息	
外文名	Melkus
创立时间	1955 年
创始人	海因茨·梅尔库斯
总部地点	德国德累斯顿

梅尔库斯是一家德国跑车制造商，其产品特点是采用轻量化设计和高性能发动机，车身外壳采用玻璃纤维和碳纤维等材料制作而成，使得车辆具有出色的操控性能和加速性能。

▶▶▶ 品牌故事

梅尔库斯公司的创始人海因茨·梅尔库斯是一名赛车手，他开始制造汽车是为了满足自己对高性能赛车的需求。梅尔库斯最著名的车型是 RS 1000，这是一款在 20 世纪 60 年代和 70 年代非常受欢迎的跑车。该车型生产数量较少，具有很高的收藏价值。梅尔库斯在 20 世纪 90 年代停产了一段时间，但在 2006 年重新回归市场，推出了新款 RS 2000 跑车，继承了梅尔库斯汽车一贯的轻量化设计和高性能发动机的特点。

▶▶▶ 标志解析

梅尔库斯的品牌标志是一个蓝色圆形，圆形内部是一个倒三角形状的银色盾牌，盾牌上方是 "MELKUS" 字样。中间是一个跑车图案，与梅尔库斯汽车的高性能跑车形象相得益彰。下方是创始人海因茨·梅尔库斯的姓名首字母缩写。整个标志设计简洁、大气，体现了梅尔库斯汽车精益求精的品牌理念。

》》》 代表车型

梅尔库斯 RS 1000

梅尔库斯 RS 2000

威兹曼

威兹曼是一家德国豪华跑车制造商，主要以宝马汽车的底盘与动力系统为基础，重新设计制造具备后现代古典风格的限量手工跑车。

基本信息	
外文名	wiesmann
创立时间	1985 年
创始人	弗里德海姆·威兹曼 马丁·威兹曼
总部地点	德国杜尔门

品牌故事

威兹曼汽车公司只有数十名员工，大多数是身怀绝技的高级工程师。每辆威兹曼跑车都是由手工打造，车身颜色、方向盘、车门衬里和其他内饰覆盖件都是按照客户的要求量身定做的。由于客户定购的车身电气装备五花八门，因此车上的电线束也是手工缠绕的。威兹曼第一款车型 MF30 于 1993 年问世，这是一款基于宝马 3 系的豪华跑车。2003 年，威兹曼推出了基于宝马 Z4 的 MF3 豪华跑车；2007 年，推出了基于宝马 M3 的 GT MF4 豪华跑车；2010 年，推出了基于宝马 M5 的 GT MF5 豪华跑车。2014 年，威兹曼汽车公司因经济困难和销售不佳而宣布破产。2016 年，该公司被英国企业家罗辛·贝里收购，重新开始生产豪华跑车。

标志解析

威兹曼的品牌标志是一只壁虎。这个标志是由公司创始人之一弗里德海姆·威兹曼设计的。壁虎代表了速度、敏捷和力量，这些特征都是威兹曼汽车所追求的。2019 年，公司推出的新标志将传统的壁虎形象重新演绎，采用了现代化的设计元素。新标志中的壁虎呈现出更加抽象的形态，同时加入了更多的线条和几何形状，辨识度更高。

▶▶▶ 代表车型

威兹曼 MF3

威兹曼 GT MF4

威兹曼 GT MF5

阿波罗

基本信息	
外文名	Apollo
创立时间	2004 年
创始人	罗兰·贡佩尔特
总部地点	德国登肯多夫

阿波罗是德国超级跑车品牌，一直致力于生产高性能超级跑车，其车型的设计和工程技术都非常出色。

品牌故事

阿波罗的创始人罗兰·贡佩尔特曾在奥迪汽车公司担任工程师，参与了奥迪 Quattro 四驱系统的开发。2004 年，罗兰·贡佩尔特创立了贡佩尔特汽车公司，开始研发其第一款超级跑车——贡佩尔特阿波罗。2005 年，贡佩尔特阿波罗首次亮相于日内瓦车展，并获得了很高的关注度。2006 年，贡佩尔特阿波罗开始在德国生产，并于同年年底交付给客户。2012 年，贡佩尔特汽车公司因财务问题而宣布破产。2016 年，贡佩尔特汽车公司被中国香港一家投资公司收购，并改名为阿波罗汽车公司。

标志解析

阿波罗汽车的标志设计得简约而独特，呈现出品牌的现代和高端形象。标志由两个主要元素组成——一个字母"A"和一个盾形边框。字母"A"是标志的主要元素，呈现出角度和线条的流畅感和动感，同时它还代表了品牌名称"Apollo"的首字母。盾形边框比较简约，为标志增加了一定的纹理和层次感。标志采用黑色和银色的色彩搭配，进一步强调了品牌的高端和现代化特点。

》》》 代表车型

贡佩尔特阿波罗

阿波罗 Arrow

阿波罗 Intensa Emozione

路特斯

基本信息	
外文名	Lotus
创立时间	1948 年
创始人	柯林·查普曼
总部地点	英国海瑟尔

路特斯是英国著名的跑车和赛车生产商，曾译名莲花。路特斯旗下跑车以轻量化的设计和纯粹的驾驶乐趣而著称。

品牌故事

1948 年，当时还在伦敦大学学习结构工程的柯林·查普曼，在女朋友家的车库里使用基础的工具制造了他的第一辆赛车——Mark 1，同时有了"Lotus"这个名字。1950 年，查普曼制造了他的第二辆测试车。1952 年，路特斯工程公司成立，并在伦敦北部建设了一座小型工厂。1958 年，路特斯集团成立，随着路特斯汽车越来越受欢迎，查普曼在赫特福德郡的切森特建设了一座新的工厂。1966 年夏天，路特斯又搬迁到英格兰东部诺福克郡的海瑟尔。自 20 世纪 80 年代以来，路特斯先后被美国通用汽车公司、意大利企业家罗马诺·阿蒂奥利、马来西亚宝腾集团收购。2017 年，路特斯 51% 的股份被中国吉利控股集团收购。

标志解析

路特斯自 1948 年成立以来，品牌标志经历了多次改变，最新的标志于 2019 年推出。新标志取消了以往的立体感银色边框，采用了更加扁平化和简约化的设计，外圈背景色为黄色，内圈背景色为深绿色，品牌名称及其上方的图案则同为黄色，字母的字体更加简洁。品牌名称上方的图案是由几个英文字母重叠在一起组成的，分解开是 C、A、B、C，这是创始人柯林·查普曼全名的首字母缩写。

路特斯 3-Eleven

路特斯 Emira

路特斯 Evija

迈凯伦

迈凯伦是英国一家高性能跑车制造商，以运用一级方程式赛车（F1）的工程和技术研发公路跑车而闻名。

基本信息	
外文名	McLaren
创立时间	1963 年
创始人	布鲁斯·迈凯伦
总部地点	英国沃金

▶▶▶ 品牌故事

20 世纪 50 年代中期，布鲁斯·迈凯伦在家乡新西兰开始了车手生涯。很快，他在 1958 年赢得了去欧洲参加 F2 比赛的奖金，迅速上升为单座车手。次年，他在库伯上演了自己的 F1 处女作。在该赛季接近尾声时，他已是得分榜上的常客。他最终在赛百灵夺取了该赛季决赛的冠军，当时只有 22 岁，成为大奖赛有史以来最年轻的冠军。20 世纪 60 年代退役之后，布鲁斯·迈凯伦创立了迈凯伦汽车公司，开始装配自己的汽车。他把公司逐步发展成为成功的专业机构，因技术出类拔萃而赢得了广泛的赞誉。

▶▶▶ 标志解析

迈凯伦的品牌标志最早设计于 1963 年，主体为一只奇异鸟，它是布鲁斯·迈凯伦家乡新西兰的国鸟。1967 年，改为"极速奇异鸟"标志。1981 年，"极速奇异鸟"标志被更换成迈凯伦集团的标志。到了 1991 年，迈凯伦集团统一旗下品牌标志，使其更加统一和时尚。1998 年，迈凯伦使用了一个红色的抽象光束图案来表现迈凯伦汽车的激情和速度。其后，公司搬进迈凯伦技术中心，标志再次在 2003 年更新，使之更加时尚，同时保留了抽象光束图案的设计。2012 年公司名称变更后，标志也随之更新。2018 年，迈凯伦推出采用扁平化设计的新标志，整体颜色变为黑色。

》》》 代表车型

迈凯伦 F1（1992 年上市）

迈凯伦 650S（2014 年上市）

迈凯伦 720S（2017 年上市）

罗　孚

基本信息	
外文名	Rover
创立时间	1878 年
创始人	约翰・斯塔利
总部地点	英国考文垂、索利赫尔

罗孚是英国老牌汽车生产商，曾是英国汽车工业中的一支重要力量，现已停产。

▶▶▶ 品牌故事

罗孚创立于 1877 年，最初是一家生产自行车的公司，总部位于考文垂。19 世纪 90 年代，该公司率先推出安全型自行车，当时的广告语"罗孚让世界充满时尚"激发了众多消费者的购买欲。随着汽车的出现，罗孚开始转型生产汽车，并在 1907 年推出了首款车型。在接下来的几十年里，罗孚一直致力于生产高品质的汽车。1947 年，公司总部迁至索利赫尔。1967 年，罗孚公司被利兰汽车公司兼并，成为新公司英国利兰公司旗下的罗孚 - 凯旋分公司。20 世纪末，罗孚品牌先后被宝马、福特等汽车公司收购。2005 年 4 月，罗孚品牌宣布破产并停产。

▶▶▶ 标志解析

罗孚是北欧的一个骁勇善战的海盗民族，"Rover"一词在英文中包含流浪者、航海者的意思。罗孚品牌最初采用盾形标志，标志中有"ROVER"和"COVENTRY"（考文垂）字样。20 世纪 20 年代，戴头盔的维京人形象和三角形徽章吸引了一代喜爱罗孚汽车的年轻人。后来，标志中站立的维京人逐渐简化为一个头像，仍然戴着头盔。这个头像被放在维京人海船的船头。维京人海船的船首和帆于 1929 年首次出现，它作为吉祥的象征贯穿于罗孚汽车的发展史。它象征着罗孚乘风破浪、所向披靡的大无畏精神。

》》》 **代表车型**

罗孚 P4（1963 年款）

罗孚 P5（1967 年款）

罗孚 P6（1968 年款）

捷 豹

捷豹是英国一家豪华汽车生产商，现属印度塔塔汽车公司旗下。自从捷豹品牌创立以来，就始终致力于为用户提供优雅迷人而又动感激情的汽车。

基本信息	
外文名	Jaguar
创立时间	1922 年
创始人	威廉·里昂斯
总部地点	英国考文垂

▶▶▶ 品牌故事

捷豹由威廉·里昂斯爵士创立于 1922 年，总部起初坐落于英格兰考文垂的布朗兰，后迁至考文垂的惠特利。公司最初名为斯瓦洛边车公司（Swallow Sidecar Company），创立之初主要生产摩托车的挂边车，后来开始生产汽车，主要车型有 SS90、SS100 等，其中 SS100 使用了"Jaguar"的副车名。因德国党卫军的缩写也是 SS，因此公司在 1945 年改名为捷豹（Jaguar）。二战后，捷豹 XK120 等车型在赛车场上的出色表现帮助捷豹树立了良好的品牌形象。1989 年，捷豹被美国福特汽车公司收购。2008 年，福特汽车公司又将捷豹连同路虎售予印度塔塔汽车公司。

▶▶▶ 标志解析

捷豹品牌的图形标志有两种：一种是跳跃前扑的"美洲豹"标志，矫健勇猛，形神兼备，具有时代感与视觉冲击力，它既代表了公司的名称，又表现出向前奔驰的力量与速度，象征该车如美洲豹一样驰骋于世界各地；另一种是圆形"豹子头"标志，造型生动、形象简练、动感强烈，蕴含着力量、节奏与勇猛。

▶▶ 代表车型

捷豹 E-Type（1961 年上市）

捷豹 XJ（2018 年款）

捷豹 F-Type（2022 年款）

路 虎

路虎是英国的全地形车和运动型多用途车品牌，现属于印度塔塔汽车公司。

基本信息	
外文名	Land Rover
创立时间	1948 年
创始单位	英国利兰公司
总部地点	英国考文垂

品牌故事

虽然路虎作为一个车型商标早在 1948 年便已出现，但作为一个独立公司存在却始于 1978 年。在此之前，路虎作为罗孚公司的一个产品线而存在，而罗孚公司于 1967 年被利兰汽车公司兼并，成为新公司英国利兰公司旗下的罗孚 - 凯旋分公司。随后第一代路虎揽胜车型取得了巨大的成功，而 20 世纪 70 年代英国利兰公司遇到了财政困难，促使路虎成为英国利兰公司和随后的罗孚集团旗下的独立企业，直至 1988 年被英国宇航公司收购，同年英国利兰公司解体并实现私有化。1994 年德国宝马公司收购路虎，又于 2000 年将其售予美国福特汽车公司。2008 年，福特汽车公司将捷豹、路虎品牌同时售予印度塔塔汽车公司。

标志解析

路虎品牌的图形标志是一个绿色的椭圆形，上面有路虎的英文名称（LAND ROVER）。这个标志代表着路虎在汽车行业的高端品质和豪华形象。为了进一步增强辨识度，路虎汽车的发动机盖上也有路虎的字母标志。

》》》 代表车型

路虎揽胜（2023 年款）

路虎发现（2023 年款）

路虎卫士（2023 年款）

名 爵

基本信息	
外文名	MG
创立时间	1924 年
创始人	威廉·莫里斯 塞西·金伯尔
总部地点	英国朗布里奇

名爵是英国运动汽车品牌，该品牌自 2007 年转由中国上汽集团收购及持有。

▶▶ 品牌故事

名爵最初是一家汽车销售商，即威廉·莫里斯爵士于 1910 年创立的莫里斯车行。后来，该车行开始制造自己的汽车。但是关于名爵品牌的具体启用时间存在争议，名爵公司自己声称其于 1924 年开始使用 MG 作为品牌。在 1928 年 3 月，MG 汽车制造有限公司正式从原来的莫里斯车行分离出来，成为一个独立的公司。除了威廉·莫里斯，1922 年加入公司的塞西·金伯尔是名爵发展史上另一个重要人物。他是一名狂热的车迷，尤其热衷跑车，并且相当有设计天赋。当时英国的汽车市场在跑车方面几乎是空白，塞西·金伯尔大胆地修改了莫里斯汽车的设计，迅速打开了市场。从那时起，名爵便以其独特外形、性能优良、运动风格、强劲动力闻名于世。20 世纪 90 年代后，名爵先后被德国宝马公司、中国南京汽车集团、中国上汽集团收购。

▶▶ 标志解析

名爵的英文名称 MG，取自"Morris Garages"（莫里斯车行）的首字母。该品牌采用英国圣公教会天穹的极具张力、坚定、稳固的八角形形状作为图形标志。这个标志散发出贵族传统的气质与灵性，更象征着热情、忠诚。

>>> **代表车型**

名爵 TF（2004 年款）

名爵 7（2007 年款）

名爵 ZS EV（2022 年款）

摩　根

摩根是英国老牌汽车制造商，至今依然坚持手工制造汽车的传统，因此在豪华汽车市场上拥有独特的地位和品牌价值。

基本信息	
外文名	Morgan
创立时间	1909 年
创始人	亨利·摩根
总部地点	英国大莫尔文

品牌故事

1909 年，亨利·摩根成立了摩根汽车公司，开始生产三轮汽车。1936 年，摩根开始生产四轮汽车，推出了摩根 4/4 车型。20 世纪 50 年代，摩根推出了摩根 Plus 4、摩根 Plus 8 等车型，这些车型在欧洲和北美市场上都非常受欢迎。20 世纪 60 年代，摩根开始生产特别版车型，这些车型在赛车场上表现出色。20 世纪 80 年代，摩根开始引入新技术，如电喷和 ABS 等，以提高汽车性能和安全性能。如今，摩根也开始生产电动车型，如 2016 年上市的摩根 EV3。摩根旗下产品以精雕细琢著称，因此产量非常低。

标志解析

摩根品牌的标志采用翅膀和车轮元素相结合，具有飞翔、速度的寓意。标志中间是一个车轮图案，其上层是一个蓝色十字，十字内部嵌入了白色的"MORGAN"字样。车轮两侧是展开的翅膀，象征驾驶摩根汽车可以快速"飞翔"，很好地诠释了摩根汽车品牌的定位。

代表车型

摩根 EV3（2016 年款）

摩根 Plus Six（2019 年款）

摩根 Super 3（2022 年款）

特威尔

特威尔是英国一家跑车制造商，所生产的跑车造型独特且性能强悍，并多采用手工打造。但是由于产销量低，特威尔的经营状况一直不好。

基本信息	
外文名	TVR
创立时间	1947 年
创始人	特雷弗·威尔金森
总部地点	英国瓦利斯伍德

▶▶ 品牌故事

特威尔汽车公司创立于 1947 年，旗下首款跑车是使用一辆量产车进行改装的，安装了特威尔自己生产的轻量化底盘，由于对于车辆的车身改动不算特别大，因此最大程度地保证了车体的强度和刚性，并且减重后的车身能提供更好的动力重量比。这种设计和改装风格一直延续到特威尔之后的跑车生产中。1965 年，马丁·里尔利成为特威尔的主人。1981 年，英国化工专家、特威尔的狂热追随者彼得·惠勒获得了特威尔的所有权。1995 年，特威尔推出了自己的 V8 发动机。2004 年，特威尔被俄罗斯企业家尼古拉·斯莫伦斯基收购。但此后特威尔陷入经营混乱，销售量大幅减少。2013 年，英国企业家雷·埃德加买下了特威尔品牌。

▶▶ 标志解析

特威尔品牌名称源于创始人特雷弗·威尔金森（Trevor Wilkinson）名字中的三个字母 TVR。该品牌早期的标志是一个三角形，里面有"TVR"字样以及翅膀图案。1961 年，开始采用 TVR 三个字母组成的蓝色立体图形标志。2010 年，标志颜色被改为黑色。2017 年，标志由立体图形改为二维图形。

代表车型

特威尔 Sagaris（2006 年款）

特威尔 T350（2007 年款）

特威尔 Griffith（2022 年款）

阿拉什

阿拉什是英国一家豪华汽车生产商，其车型以高性能、科技感和奢华感为特点，采用先进的材料和技术，具有极佳的动力和操控性能。

基本信息	
外文名	Arash
创立时间	1999 年
创始人	阿拉什·法波德
总部地点	英国纽马基特

❱❱❱ 品牌故事

1999 年，阿拉什·法波德成立了阿拉什汽车公司，开始致力于生产高性能的豪华跑车。2002 年，阿拉什推出了首款车型——阿拉什 AF10，采用 V8 发动机和碳纤维车身，具有较强的性能和操控性能。2006 年，阿拉什推出阿拉什 AF8 跑车，采用 V8 发动机和铝质车身。2010 年，阿拉什推出阿拉什 AF10 超级跑车，采用 V8 发动机和电机构成的混合动力系统。2014 年，阿拉什和意大利设计公司合作打造了定制化车型阿拉什 AF8 Cassini，车身设计独特，内部配备了高科技的娱乐和信息系统。

❱❱❱ 标志解析

阿拉什品牌的标志是由盾形徽章、老鹰飞翔图案以及"ARASH"字样三部分构成，与法拉利、兰博基尼的标志造型非常相似，但也有着明显的不同，特别是标志中间的老鹰飞翔图案，喻示着阿拉什汽车一直追求的"快"和"轻"的特点。

》》》 代表车型

阿拉什 AF8

阿拉什 AF10

诺　铂

诺铂是英国一家超级跑车制造商，一直致力于生产高性能的超级跑车，尽管产量有限，但仍然凭借独特的设计在豪华跑车市场上备受瞩目。

基本信息	
外文名	Noble
创立时间	1999 年
创始人	李·诺铂
总部地点	英国利兹

▶▶▶ 品牌故事

诺铂的创始人李·诺铂是一位经验丰富的汽车设计师和工程师。诺铂首款车型是 1999 年亮相的诺铂 M10，它是一款轻量化的超级跑车，仅生产了 100 辆左右。之后，诺铂又推出了 M12、M14 车型。这些车型都采用中置后驱布局，并搭载高性能发动机。M12 车型的产量比 M10 车型多，而 M14 车型则是诺铂在豪华跑车市场上的一次尝试。2006 年，诺铂推出了更加实用的 M15 车型，产量比之前的车型更多。2010 年，诺铂推出了 M600 车型，这是诺铂目前比较成功的车型之一。

▶▶▶ 标志解析

在英语中，"Noble"作名词时意为"贵族"。而诺铂品牌的图形标志是一个扁平化的王冠图案，图案的主体是两个字母"N"，这也是品牌名称的首字母缩写。这个标志代表着诺铂汽车在豪华跑车市场上的品牌形象：高性能、独特和精致。

代表车型

诺铂 M10

诺铂 M15

诺铂 M600

利吉尔

利吉尔是法国一家汽车和小型客车制造商，在欧洲市场上拥有广泛的用户群体。

基本信息	
外文名	Ligier
创立时间	1968 年
创始人	盖伊·利吉尔
总部地点	法国阿布雷斯特

▶▶▶ 品牌故事

利吉尔汽车公司的创始人盖伊·利吉尔曾是一位赛车手，参加过多项国际赛事。在他的赛车生涯结束后，他便开始从事汽车制造业，最初生产竞技场地车，并在 20 世纪 70 年代初期开始生产微型车。利吉尔微型车很快成为法国市场上的热销产品，并在欧洲市场上获得了广泛的认可。在 20 世纪 80 年代和 90 年代，利吉尔汽车公司不断改进和创新其产品线，推出了多个新车型。这些新车型在设计和性能上都有了很大的提升，同时也更加环保和节能。2008 年，利吉尔汽车公司与微车公司（Microcar）合并，成为法国最大的微型车制造商。合并后，公司将生产的重点放在低排放和电动汽车上，并推出了多款绿色环保的微型车和城市车型。

▶▶▶ 标志解析

利吉尔的品牌标志由"LIGIER"字样和两面交叉的旗帜组成。左侧的旗帜是赛车旗，表明品牌创始人盖伊·利吉尔曾是一名职业赛车手，也表明利吉尔汽车曾经参与一级方程式锦标赛。右侧的旗帜是法国国旗，表明利吉尔是法国汽车品牌。"LIGIER"字样采用流畅的曲线和直线，体现了现代工业设计的风格。

> > > **代表车型**

利吉尔 Pulse 4（2022 年款）

利吉尔 JS 60（2022 年款）

帕加尼

帕加尼是意大利一家超级跑车制造商，该车厂坚持手工打造车辆，其汽车产量非常少，价格也十分昂贵。

基本信息	
外文名	Pagani
创立时间	1992 年
创始人	奥拉西欧·帕加尼
总部地点	意大利摩德纳

品牌故事

帕加尼公司的创始人奥拉西欧·帕加尼原为阿根廷 F3 赛车设计师，1982 年在阿根廷著名赛车手范吉奥的建议下，他来到了意大利摩德纳的兰博基尼车厂工作。帕加尼认为为了减轻车重，在车体上使用碳纤维是一件非常有必要的工作。为此他成立了帕加尼合成材料研究室，并将研究成果运用在了兰博基尼部分车型上。这些成功案例也增强了帕加尼开设一家工厂的信心。1992 年，帕加尼终于成立了自己的公司，开始制造梦想中的跑车，1994 年他又和梅赛德斯 - 奔驰达成协议以使用性能强劲的 AMG V12 发动机。遗憾的是，帕加尼尚未看到这辆跑车完工就在 1995 年去世了。

标志解析

帕加尼品牌的图形标志采用椭圆形设计，中间是字号较大的"PAGANI"字样，下方则是字号较小的"AUTOMOBILI MODENA"（摩德纳汽车）字样。整体色调以银色为主，左上角有蓝色镶嵌。

》》》 代表车型

帕加尼风之子（1999 年上市）

帕加尼风神（2012 年上市）

帕加尼乌托邦（2022 年上市）

法拉利

基本信息	
外文名	Ferrari
创立时间	1939 年
创始人	恩佐·法拉利
总部地点	意大利摩德纳

　　法拉利是世界知名的赛车和运动跑车生产商，主要制造一级方程式赛车、赛车及高性能跑车。

▶▶▶ 品牌故事

　　在 1929 年创办法拉利车队时，恩佐·法拉利原本无意制造跑车，他只是业余车手的赞助人。恩佐·法拉利以改装阿尔法·罗密欧跑车成功地参与赛事，至 1938 年，他被阿尔法·罗密欧公司聘请作为赛车部主管。1939 年 9 月，恩佐·法拉利离开阿尔法·罗密欧公司并创立了一家属于自己的公司，最初为意大利政府制造飞机零件。二战中，工厂遭到轰炸。1947 年，法拉利重建工厂并加建了公路跑车生产设施。第一部设计用于一般道路行驶的法拉利跑车是法拉利 125S，法拉利因此迅速树立了品牌形象。1969 年，菲亚特购入法拉利 50% 的股权，1988 年进一步提升至 90%。2016 年 1 月，法拉利完全脱离菲亚特克莱斯勒集团。目前，法拉利由意大利最大的私营工商业集团 EXOR 持股 22.91%，公众持股 67.09%，皮耶罗·法拉利（恩佐·法拉利次子）个人持股 10%。

▶▶▶ 标志解析

　　法拉利著名的跃马标志来自一战意大利空战英雄弗朗西斯科·巴拉卡

的座机标志，巴拉卡在一战中因战机被奥地利高射炮击中而阵亡。巴拉卡的母亲将其座机上的跃马标志给予恩佐·法拉利使用。标志背景中的黄色是恩佐·法拉利故乡摩德纳的代表颜色，而标志上方的绿、白、红三种颜色则代表意大利国旗。

》》》代表车型

法拉利恩佐（2002 年上市）

法拉利拉法（2013 年上市）

法拉利 SF90 斯达德尔（2019 年上市）

依维柯

IVECO

依维柯是一家意大利商用车生产商，其产品以高性能、可靠性、耐用性和舒适性而闻名，并在全球范围内销售。

基本信息	
外文名	Iveco
创立时间	1975 年
创始单位	菲亚特公司
总部地点	意大利都灵

❯❯❯ 品牌故事

依维柯的前身是菲亚特商用车生产线。1975 年 1 月，菲亚特合并了另外四家公司（两家意大利公司、一家法国公司、一家德国公司），并与旗下商用车生产线组成了一家新公司，命名为依维柯。其后欧洲商用车市场竞争激烈，依维柯不断收购其他公司来壮大自身实力，如西班牙的毕加索公司与英国的塞登·阿特金森公司。1996 年 3 月，依维柯与中国南京汽车集团共同组建南京依维柯汽车有限公司，进军中国市场。1999 年，依维柯与法国雷诺汽车公司合资组成伊萨客车公司，到 2001 年从雷诺手中收购了伊萨所有的股份。

❯❯❯ 标志解析

依维柯采用简洁而流畅的线条，将"IVECO"字样进行组合和演变，形成了一个立体感强、具有现代感和科技感的图形标志。自 1975 年以来，依维柯品牌的标志长期采用深蓝色和白色的色彩搭配。2022 年，依维柯推出了全新的品牌标志，其最大的变化是将颜色改为更加鲜明的亮蓝色。这种蓝色更现代，也更有活力，依维柯称其为"能源蓝"。除了更新颜色外，"IVECO"几个字母的字间距以及字体大小也有明显变化，特别是字间距比之前增加了近一倍。新标志体现了依维柯将专业能力、活力和数字创新联系起来，强化了迈向新能源时代的愿景。

》》》 代表车型

依维柯 EuroCargo

依维柯 Trakker

依维柯 Evadys

世 爵

世爵是荷兰一家汽车手工制造企业，企业名称沿用了 1929 年破产的世爵公司的商标及名称，但两家公司并没有直接的从属关联。

基本信息	
外文名	Spyker
创立时间	1999 年
创始人	维克托·穆勒
总部地点	荷兰泽沃德

▶▶▶ 品牌故事

早期的世爵公司于 1880 年由生产马车的商人雅各布斯·斯派克和亨德里克-杨·斯派克创立，并命名为"Spijker"（斯派克），为了使品牌更加适应国外市场，遂在 1903 年将名称中的"ij"替换为"y"，成为"Spyker"（世爵）。世爵在 1898 年制造的"黄金典礼马车"，至今仍被荷兰皇室使用，世爵也成为荷兰皇室钟爱的汽车品牌。亨德里克-杨·斯派克于 1907 年去世，他乘坐的渡轮在从英格兰返国途中沉没，这个损失也导致了早期世爵的最终破产。新的世爵汽车公司在 1999 年由荷兰商人维克托·穆勒创立，并自 2000 年起专门生产高级跑车。早期世爵生产航空发动机的历史被很好地传承在这些新车的细节和标志上。

▶▶▶ 标志解析

1913 年世爵陷入财政危机，1915 年一个投资人小组将公司买下，并将其并入荷兰飞机制造股份公司，新公司更名为"荷兰汽车与飞机公司"，同时还推出了公司标志，即由一个水平的飞机螺旋桨穿越镌刻着公司座右铭"NULLA TENACI INVIA EST VIA"（中文意为"执着强悍、畅行无阻"）的辐轮，这就是世爵品牌标志的由来。

》》代表车型

世爵 C8（2000 年上市）

世爵 C12（2006 年上市）

萨　博

基本信息	
外文名	SAAB
创立时间	1945 年
创始单位	萨博集团
总部地点	瑞典特罗尔海坦

萨博汽车是一家瑞典汽车制造商，其最为人所熟知的特色有创新、绿色技术、安全、涡轮增压技术和速度。

>>> 品牌故事

萨博汽车原本属于瑞典飞机有限公司（瑞典文缩写为 SAAB，音译为萨博），这家公司于 1937 年在瑞典林雪平建立，主要为瑞典空军生产飞机。二战结束后，军用飞机市场萎缩，该公司开始将其航空技术应用于汽车制造领域。萨博汽车公司最初制造的汽车是 1949 年推出的萨博 92 小型轿车，它也是瑞典第一款量产汽车。随后，萨博汽车公司陆续推出了多款汽车，这些车型被广泛应用于赛车领域，并在汽车市场上取得了一定的成功。20 世纪 90 年代以后，萨博汽车公司经历了一些困难，包括经济衰退和生产成本上升等问题。2000 年，萨博汽车公司被美国通用汽车公司收购，但收购后的几年里，其销售成绩一直没有达到预期。最终，萨博汽车公司于 2011 年宣布破产，但其品牌和部分知识产权被荷兰世爵汽车公司收购。

>>> 标志解析

萨博汽车使用过多个品牌标志，其中使用时间较长的是一个蓝色的圆形标志，其主体是头戴王冠的狮鹫图案，图案下方是"SAAB"字样。狮鹫图案的设计灵感来自瑞典乌普萨拉的市徽，这个城市是瑞典最古老的城市之一。狮鹫图案强调了萨博汽车对瑞典文化和传统的尊重，并且与萨博汽车的品牌形象和价值观相得益彰。

>>> 代表车型

萨博 9-2X（2005 年款）

萨博 9-3（2010 年款）

萨博 9-4X（2011 年款）

柯尼赛格

基本信息	
外文名	Koenigsegg
创立时间	1994 年
创始人	克里斯蒂安·柯尼赛格
总部地点	瑞典恩厄尔霍尔姆

柯尼赛格是瑞典一家超级跑车制造商，以制造出全世界最快的汽车为主要宗旨。

▶▶ 品牌故事

克里斯蒂安·柯尼赛格（1972 年出生于瑞典斯德哥尔摩）在 20 岁时就开始梦想着制造自己的超级跑车，并在 1994 年成立了柯尼赛格公司。最初，该公司只有两名员工，但柯尼赛格以其创新的设计和工艺技术，很快吸引了一批投资者和工程师。2002 年，柯尼赛格推出了第一款量产车型——柯尼赛格 CC8S。随后，该公司推出了多款超级跑车。这些车型均采用了先进的材料和技术，如碳纤维和可变几何机械系统，使其在速度和性能方面达到了顶峰。除了超级跑车的制造外，柯尼赛格也在研究和开发可持续能源技术方面取得了一些进展。

▶▶ 标志解析

柯尼赛格的盾形标志是基于克里斯蒂安·柯尼赛格的家族徽章设计的，标志中的两个十字架代表着柯尼赛格家族的起源地——瑞典东部的一个小村庄，这个小村庄在中世纪时期是一个重要的基督教中心。在 2020 年以前，标志的主体部分由红黄两色的交替花纹装饰组成，这两种颜色代表了激情驾驶的极速感觉。2020 年推出了采用扁平化设计的新标志，颜色变为黑白两色。

▶▶ 代表车型

柯尼赛格 Agera R（2011 年上市）

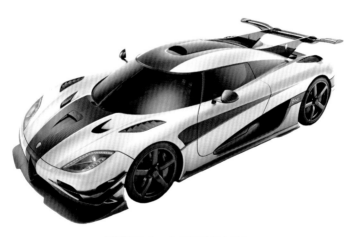

柯尼赛格 One:1（2014 年上市）

柯尼赛格杰斯科（2021 年上市）

太脱拉

基本信息	
外文名	Tatra
创立时间	1897 年
创始人	伊格纳兹·舒斯塔拉
总部地点	捷克科普日夫尼采

太脱拉是捷克一家老牌汽车制造商，历史上曾大量生产乘用车，现在主要生产商用车。

▶▶▶ 品牌故事

太脱拉汽车制造公司始创于 1897 年，其设计制造车辆的历史其实更为久远。早在 1850 年，一位名叫伊格纳兹·舒斯塔拉的年轻人在小镇内塞尔多夫（当时属于奥匈帝国）组建了一家马车制造修理工厂，这就是太脱拉汽车制造公司的前身。舒斯塔拉死后，他的工厂收归国有，更名为内塞尔多夫车辆工厂。1897 年，内塞尔多夫车辆工厂在奔驰双缸发动机的基础上开始研制自己的轿车，不久就开发出"总统"牌轿车，此后，又相继制造出多款采用奔驰发动机的汽车，并多次参加当时的各项汽车赛事，取得了不俗的成绩。一战结束后，奥匈帝国不复存在，内塞尔多夫被划归捷克领土并易名为科普日夫尼采，内塞尔多夫车辆工厂也正式更名为太脱拉汽车制造公司。1925 年，太脱拉开始生产载重卡车。

▶▶▶ 标志解析

太脱拉品牌的标志由一个红色圆形和白色的"TATRA"字样构成，整个标志设计简洁而又具有较强的辨识度。虽然太脱拉在标志设计上进行了多次微调和改变，但这个红底白字的圆形标志一直是该品牌重要的标志之一。这个标志广泛地应用于太脱拉汽车的车身、广告和宣传等方面，成为太脱拉品牌的重要象征和标志。

小知识：

　　"太脱拉"这个名称的由来很有意思，这是当地一座雄伟山脉的名称，山顶常年积雪。1919 年，内塞尔多夫车辆工厂设计了一条穿越太脱拉山脉的行车路线，打算用来测试自己汽车的越野性能。令人惊奇的是，内塞尔多夫车辆工厂生产的汽车顺利地通过了这段被冰雪和泥泞覆盖的崎岖山路，由此证明这种恶劣的路况是完全可以被征服的。人们因为这一创举把这辆汽车称为"属于太脱拉山的汽车"，这就是"太脱拉"品牌的由来。

代表车型

太脱拉 603（1973 年款）

太脱拉 815（1983 年上市）

拉 达

　　拉达是俄罗斯伏尔加汽车公司（AvtoVAZ）旗下品牌，其名称来源于斯拉夫神话中的"大地之母"拉达。

基本信息	
外文名	Lada
创立时间	1970 年
创始单位	苏联政府
总部地点	俄罗斯陶里亚蒂

品牌故事

　　拉达品牌的历史可以追溯到 1966 年，当时苏联政府决定建立一家汽车制造厂，以生产符合苏联人民需求的经济型汽车。1970 年，该厂推出了第一款汽车，命名为"Zhiguli"，后来改为"Lada"。拉达汽车的设计和技术基于意大利菲亚特公司旗下的汽车，但逐渐发展出了自己的特色和风格。拉达汽车在苏联和东欧国家的市场上非常受欢迎，因为它们价格实惠、结构简单、易于维修，并且适合在恶劣的道路条件下行驶。20 世纪 80 年代，拉达汽车开始进入西方市场，但由于其设计和技术落后，品质不佳，未能在市场上获得成功。20 世纪 90 年代初，随着苏联的解体和俄罗斯经济的动荡，拉达汽车品牌也受到了影响。2016 年，法国雷诺集团成为伏尔加汽车公司的母公司，掌控了拉达品牌。2022 年，雷诺集团又将其出售给了俄罗斯政府。

标志解析

　　拉达的品牌标志由一个椭圆形和"L""D"两个大写字母组成，两个字母组合成一个带帆的维京战船图案，喻示着拉达汽车一路平安。椭圆形代表着优雅，同时也象征着未来和现代化。

❯❯❯ 代表车型

拉达 Granta（2011 年款）

拉达 Vesta（2015 年款）

拉达 Xray Cross（2019 年款）

瓦 滋

瓦滋是俄罗斯一家汽车制造商，全称为乌里扬诺夫斯克汽车制造厂，主要生产越野车、客车和卡车。

基本信息	
外文名	UAZ
创立时间	1941 年
创始单位	利哈乔夫汽车厂
总部地点	俄罗斯乌里扬诺夫斯克

▶▶▶ 品牌故事

乌里扬诺夫斯克汽车制造厂成立于 1941 年，是德国入侵苏联的直接结果。为了应对这一威胁，苏联政府下令将具有战略意义的工业设施疏散到东部。到 1941 年 10 月，德军向莫斯科快速推进，引发了将利哈乔夫汽车厂搬迁到伏尔加河附近的城镇乌里扬诺夫斯克的决定。该镇当时已经是一个新兴的工业中心，拥有足够发达的基础设施和良好的技术工人供应，是重建工厂的理想地点。创立之初，该工厂被认为是利哈乔夫汽车厂的子公司。1943 年，苏联政府决定将搬迁后的工厂留在乌里扬诺夫斯克，并在行政上与利哈乔夫汽车厂分开，后者将在莫斯科重建。20 世纪 90 年代，苏联解体后，乌里扬诺夫斯克汽车制造厂成为一家股份公司。

▶▶▶ 标志解析

瓦滋品牌标志的主体是一只展翅高飞的海燕。在俄文中，"海燕"一词含有"暴风雨的预言者"之意。它代表了瓦滋英勇顽强、乐观自信的形象。

》》 代表车型

瓦滋 Patriot（2005 年上市）

瓦滋 Pickup（2008 年上市）

吉　尔

　　吉尔是俄罗斯利哈乔夫汽车厂旗下品牌，现已停产，但该品牌在俄罗斯仍然有着很高的知名度和历史意义。

基本信息	
外文名	ZiL
创立时间	1916 年
创始单位	沙俄政府
总部地点	俄罗斯莫斯科

❱❱❱ 品牌故事

　　利哈乔夫汽车厂的前身是 1916 年沙俄政府建设的 6 家汽车厂之一，时称莫斯科汽车厂，初期主要按许可证生产意大利菲亚特 F-15 卡车。1931 年，苏联第一个五年计划期间，该厂在一家美国公司的帮助下进行了技术改造。1931 年 10 月起，工厂被命名为斯大林汽车厂（缩写为 ZIS 或 ZiS，简称吉斯工厂）。1956 年 6 月 24 日，工厂更名为利哈乔夫汽车厂（缩写为 ZiL，简称吉尔工厂），该名称源于其首任总经理伊万·阿列克谢维奇·利哈乔夫。21 世纪以来，由于利哈乔夫汽车厂的技术更新换代较慢，销售成绩一直不太理想，最终于 2012 年停产。

❱❱❱ 标志解析

　　吉尔汽车的标志采用了公司名称的字母缩写"ZIL"作为设计元素。这个标志是一个大写的"Z"和"IL"字母组成的图案，字母之间有一条横线相连，形成了一个紧凑而简洁的标志。吉尔汽车的标志设计得简单而直接，表现出品牌的专业形象和豪华品质，同时也具有一定的现代感和时尚感。

》》》 代表车型

吉斯 Zis-110（1946 年上市）

吉尔 Zil-114（1967 年上市）

吉尔 Zil-4102（1987 年上市）

奥鲁斯

奥鲁斯是俄罗斯豪华汽车品牌，主要生产豪华轿车、商务车和越野车。

基本信息	
外文名	Aurus
创立时间	2018 年
创始单位	NAMI
总部地点	俄罗斯莫斯科

品牌故事

奥鲁斯汽车公司是 2018 年由俄罗斯国立汽车与内燃机研究所（NAMI）主导成立的汽车公司，其他股东包括索勒斯集团和阿联酋塔瓦尊战略发展基金公司。奥鲁斯首款车型 SENAT 于 2018 年首次亮相，当时普京总统乘坐奥鲁斯轿车出席了自己的第四次总统就职典礼。2021 年，奥鲁斯 SENAT 在鞑靼斯坦共和国阿拉布加经济特区量产。按照计划，多数奥鲁斯汽车将对外出口，主要面向中东地区，未来计划进入西欧市场。

标志解析

奥鲁斯品牌的图形标志像一个三角形盾牌，三个角均采用圆角化处理，标志内部为银色，边框为金色，尽显雍容华贵。盾形标志中央嵌入了品牌名称"AURUS"，字母为银色，背景为黑色，矩形边框为金色。品牌名称上方有一个类似钻石的图案，下方则是类似进气格栅的竖条。

>>> **代表车型**

奥鲁斯 Senat

奥鲁斯 Arsenal Komendant

奥鲁斯 Arsenal

第 3 章　美洲汽车品牌

　　美国是车轮上的国家，汽车普及率位居全球前列。美国汽车工业的发展历史始于 19 世纪末期，到 20 世纪中期，美国汽车工业已经成为全球最重要的经济产业之一，其在美国国内的产值和就业人口占比极高，对于美国整个经济和社会的发展都产生了深远影响。随着国际竞争的加剧和市场需求的变化，美国汽车工业在 21 世纪逐渐走向衰落，其市场份额不断缩小。

3.1　福特汽车公司

 福　特

基本信息	
外文名	Ford
创立时间	1903 年
创始人	亨利·福特
总部地点	美国迪尔伯恩

　　福特是美国福特汽车公司旗下的核心品牌，公司及品牌名称来源于创始人亨利·福特的姓氏。

》》 品牌故事

　　福特汽车公司由亨利·福特于 1903 年创立。1913 年，亨利·福特参考引进了大批量汽车生产以及大批量工厂员工管理的方法，设计出以移动式装配线为代表的新兴生产方式。其高效率、高工资、低售价的结合，对当时的美国制造业而言，是一次翻天覆地的改革创新，因而这套方法尔后被称为福特制，而其产业观念在后来被安东尼奥·葛兰西称为"福特主义"。在其 20 世纪如日中天的时候，福特、通用与克莱斯勒被认为是底特律的三大汽车生产商。这三家公司统治着美国的汽车市场。福特汽车在美国汽车市场上连续 75 年保持销售量第二名，仅次于通用汽车，2007 年才被丰田汽车超越成为美国汽车市场销售量第三名。

》》 标志解析

　　福特汽车的标志是蓝底白字的"Ford"字样，被艺术化的"Ford"形似活泼可爱、充满活力、美观大方的小白兔。整个标志看起来就像一只可爱的小白兔在温馨的大自然中飞奔，象征福特汽车奔驰在世界各地，令人爱不释手。

▶▶▶ 代表车型

福特 F-150 猛禽（2022 年款）

福特野马（2022 年款）

福特福克斯（2023 年款）

林 肯

基本信息	
外文名	Lincoln
创立时间	1917 年
创始人	亨利·利兰
总部地点	美国迪尔伯恩

　　林肯是福特汽车公司旗下的豪华品牌，以宽底盘、诸多豪华内饰和加长版闻名于世。

品牌故事

　　林肯的创始人亨利·利兰是亚伯拉罕·林肯总统的支持者。1914 年，利兰研发出第一台大量生产的美国 V8 发动机。一战期间，利兰创立了一家生产飞机发动机的公司，并以亚伯拉罕·林肯总统的名字来命名。在生产了数千台飞机发动机后，利兰将目光转向了汽车，并成功地推出了林肯 L 型车。1922 年，因战后经济衰退而陷入困境的林肯汽车公司被福特汽车公司收购。自 1939 年到 1993 年，林肯汽车一直被美国白宫选为总统专车。1963 年约翰·肯尼迪总统遇刺时乘坐的检阅车就是林肯大陆 SS-100-X。

标志解析

　　林肯的品牌名称源于美国第 16 任总统亚伯拉罕·林肯，借助总统的名字来树立公司形象，显示该公司生产的是顶级轿车。林肯汽车的图形标志是一个矩形图案，内有一颗闪闪发光的星辰，象征亚伯拉罕·林肯总统是美国联邦统一和废除奴隶制的启明星，也喻示着林肯汽车光辉灿烂。

》》》 代表车型

林肯 MKZ(2020 年款)

林肯飞行家 (2022 年款)

林肯领航员 (2022 年款)

水 星

基本信息	
外文名	Mercury
创立时间	1938 年 10 月
创始人	埃德塞尔·福特
总部地点	美国迪尔伯恩

　　水星是美国福特汽车公司唯一自创的品牌，主要针对中档车市场，现已停止生产。

》》》 品牌故事

　　20 世纪 30 年代中期，福特汽车公司的管理层意识到在经济型的福特汽车和豪华型的林肯汽车之间仍存在市场机会，于是在 1935 年推出了水星品牌，进军中档车市场，1938 年 10 月正式推出水星产品。当时的水星汽车配备了强劲的 V8 发动机，大受消费者欢迎，一年之内就占领了美国 2.19% 的轿车市场份额。1941 年至 1945 年，由于二战的影响，水星汽车的生产被迫中断。1945 年，福特汽车公司成立了林肯 - 水星分部，由本森·福特掌管。2010 年 6 月，福特汽车公司正式宣布，由于市场需求不断减少，将停止生产水星品牌汽车。

》》》 标志解析

　　水星品牌采用太阳系中的水星作为标志，其图案是在一个圆中有三条行星运行轨迹，表明水星汽车具有超时空的创造力，前途无限。西方国家通常采用希腊神话中的人物给行星命名。古希腊人因为看到水星的运行速度快，绕太阳的公转时间最少，所以把希腊神话中跑得最快的信使——墨丘利（Mercury）的名字作为水星的名字。

代表车型

水星黑貂（2009 年款）

水星米兰（2010 年款）

水星登山家（2010 年款）

⚙ 美国人的最爱——皮卡

美国被喻为"车轮上的国家"，汽车普及率居全球首位。在数量庞大的汽车家族中，美国人尤以钟爱皮卡而闻名于世，以至于皮卡成为美式汽车文化的象征。在美国，皮卡的魅力经久不衰，追根溯源，除了与美国所拥有的一些客观条件有关外，也与美国人的价值观、生活方式等文化因素有密切关系。

美国福特汽车公司是皮卡车型的创造者，也是皮卡发展史上的先驱。1913年，美国一家车身制造商在福特T型车的底盘上加装了车斗，这应该是最早的皮卡了。1920年以后，福特、道奇、雪佛兰等美国汽车制造商都推出了真正的皮卡车型。1948年，福特的F系列皮卡问世。从此以后，皮卡的车厢模样就向轿车靠拢，舒适性也向轿车看齐，并且由单排座衍生出了能乘坐更多人的双排座版本。由此，皮卡开启了半个多世纪的传奇。

1922年的福特T型皮卡

几十年来，皮卡在美国一直持续热销。每年全美最畅销的车型排名中，位居前列的都是皮卡。作为美国本土最畅销的汽车，福特F系列皮卡截至2023年12月的总销量已超过3400万辆，雄踞美国汽车销量排行榜榜首已30多年。

1993 年的福特 F-150 皮卡

　　对于美国大多数的家庭或者整体国民来说，皮卡便是他们生活的一部分。皮卡不仅深受大众的欢迎，也深得名人政要的青睐。美国的各类体育明星经常开着皮卡招摇过市，好莱坞的明星们常会衣冠楚楚地从一辆皮卡中出来，优雅地走上红地毯，去参加一部电影的首映式。就连美国前总统小布什也经常开着皮卡去接待各国元首。

　　在美国人看来，皮卡是一种最实用的交通工具。它既有轿车般的舒适性，又不失强劲的动力，而且还有远超轿车的载货和适应不良路面的能力，所以可以满足工作和生活中方方面面的需求。

　　美国人喜欢搬家，极少有人终生从事一个职业或待在某个公司做到退休，因而也很少有人会落地生根、一劳永逸地在一个地方住上一辈子。根据美国政府发布的统计数据显示，美国每年有 17% 左右的人搬家，其中约 60% 是就地迁居，其余的是搬往外地。这个比例从 20 世纪 70 年代以来没有什么大的变化。为了满足美国人搬家的巨大需求，美国现有的 1700 多种日报（大部分是地方报纸）上刊登的广告内容之一便是住房信息。美国人搬家时主要是搬一些皮箱、衣被、餐饮器皿等小件细软。家具一般不搬，就地卖掉，迁新居后，再按房间大小、色调重新购置家具，故搬家十分简单。搬家时，人们通常用汽车作为搬运工具。此时，迁居人自有的或租用的皮卡就成为最适合、最便利也是最经济的搬家工具。

美国人使用皮卡搬家

调查显示，40%以上的美国成年人是户外运动爱好者，在每个季度他们至少参加一次户外活动。此外，73%的受访者表示，在新的一年里他们更愿意花时间去户外活动。该调查总结出参加户外活动的三大动因分别是乐趣、强身健体和缓解压力。皮卡作为自由、轻松生活方式的象征，很好地配合了美国人粗犷不羁、亲近大自然、喜爱户外活动的生活方式。皮卡适应美国大众居住环境的需求：皮卡因为底盘比较高，更适合一些尚未硬化的道路。因为居住比较分散，购买物品必须到比较远的购物中心，皮卡的优势也能够体现出来。皮卡还为美国人尽情享受户外生活提供了可靠的交通工具。外出度假，可以用皮卡捎带上移动房车、游艇或水上摩托，可以用皮卡载着心爱的摩托车、自行车去野外撒欢，也可以带上户外炊具和家人野餐烧烤。

从实用功能到精神载体，从生活需求到生活方式需求，皮卡就这样形成了一种美国式的生活方式，代表着活力与休闲。

皮卡露营

3.2 通用汽车公司

 凯迪拉克

基本信息	
外文名	Cadillac
创立时间	1902 年 8 月
创始人	威廉·墨菲 雷米尔·博文 亨利·利兰
总部地点	美国底特律

凯迪拉克是美国通用汽车公司旗下的旗舰品牌，也是美国最畅销的豪华汽车品牌，在美国文化、汽车历史中扮演着重要角色。

▶▶ 品牌故事

1901 年，亨利·福特与多人合伙创立了亨利·福特公司。不久后，亨利·福特与部分高层产生了纠纷，于是他和其中几位合伙人离开了公司，并在 1903 年成立了现今的福特汽车公司。而亨利·福特公司的资助者威廉·墨菲和雷米尔·博文邀请工程师亨利·利兰对亨利·福特公司的资产进行了评估，后来三人合伙创立了凯迪拉克汽车公司。1902 年 10 月，凯迪拉克推出了两款汽车。由于做工精致、内饰豪华，凯迪拉克很快打开了知名度。1909 年，凯迪拉克被通用汽车公司并购，成为通用汽车公司旗下专门生产大型豪华汽车的品牌。之后，凯迪拉克在行业内创造了多个第一，缔造了多个豪华汽车的行业标准。

▶▶ 标志解析

凯迪拉克的标志可谓是其精神内涵的集中体现，著名的花冠盾形取自安东尼·凯迪拉克（17 世纪法国冒险家、底特律城创建者）的族徽，是典型的贵族标志，既表现了底特律城奠基人的勇气和荣誉，同时也象征着凯迪拉克在汽车行业中的领导地位。该标志自诞生以来，其花冠和盾牌的设计在不同时代不断地变化，百年来达数十次之多。凯迪拉克最新的标志于2021年推出，从立体的金属盾牌变为简洁的单色版本。为配合单色图标，凯迪拉克将经典的手写体"Cadillac"更换为现代时尚的大写无衬线体。

〉〉〉 代表车型

凯迪拉克 CT-6（2020 年款）

凯迪拉克凯雷德（2023 年款）

凯迪拉克锐歌（2023 年款）

别　克

别克是美国通用汽车公司旗下的品牌，主要在美国、加拿大和中国市场销售。

基本信息	
外文名	Buick
创立时间	1904 年
创始人	大卫·邓巴·别克
总部地点	美国底特律

》》》 品牌故事

1904 年 5 月 19 日，苏格兰裔美国人大卫·邓巴·别克创立了别克汽车公司，但不久公司就陷入了困境。1904 年下半年，马车制造商威廉·杜兰特看准了别克未来的巨大潜力，毅然买下了这家公司。1908 年，别克汽车的产量达到 8820 辆，居美国第一位。同年，威廉·杜兰特以别克汽车公司为核心，成立了美国通用汽车公司。当通用汽车公司扩大后，别克部门便成为通用汽车公司的第二大部门，主要设计制造中档家庭轿车。别克在美国汽车历史上占有相当重要的地位，作为通用汽车公司的一大台柱，带动了整个汽车工业水平的进步。

》》》 标志解析

别克汽车最让人印象深刻、存留时间最久的标志就是著名的"三盾"标志，即一个圆圈中包含三个盾牌，盾牌的颜色从左到右依次是红、白（灰白）、蓝。盾牌图案是由苏格兰别克家族的家徽演变而来。2022 年，别克推出全新的品牌标志，不仅取消了原标志的外圆边框，还将之前紧密排列、有一定顺序与层次的三个盾牌放在了同一水平线上，每个盾牌之间也留了一些缝隙。盾牌上的线条也不再像之前那样僵硬、倾斜，而是有了一些线条弧度，让人能够一眼看出立体感。

》》》 代表车型

别克君越（2019 年款）

别克昂科威（2022 年款）

雪佛兰

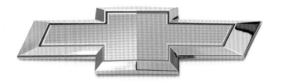

雪佛兰是美国通用汽车公司旗下最为国际化和大众化的品牌，其车型种类非常广泛。

基本信息	
外文名	Chevrolet
创立时间	1911 年 11 月
创始人	路易斯·雪佛兰 威廉·杜兰特
总部地点	美国底特律

▶▶▶ 品牌故事

1911 年，通用汽车公司的创始人威廉·杜兰特因与公司大股东杜邦家族不合，被迫离开通用汽车公司，后与瑞士赛车手兼工程师路易斯·雪佛兰在底特律创立了雪佛兰汽车公司。雪佛兰相继推出了 Little Four、Classic Six 等经济车型，迅速占领了较大的市场份额。威廉·杜兰特利用雪佛兰的盈利购买了大量的通用汽车公司股票，并于 1917 年重回通用汽车公司并成为董事长。而雪佛兰就此并入通用汽车公司，成为一个独立部门。

▶▶▶ 标志解析

雪佛兰汽车的图形标志是一个金色的领结，也像一个图案化的蝴蝶结，象征着雪佛兰汽车的大方、气派和风度。关于标志的由来不止一种说法，其中一种说法是由创始人路易斯·雪佛兰亲自设计，他在设计中融入了瑞士国旗上的十字架，向他的家乡致敬。更流行的说法是与另一位创始人威廉·杜兰特有关。据说，威廉·杜兰特在法国巴黎一家酒店度假时发现墙纸上有一个特别的图案，他认为这个图案可以作为汽车的标志，于是偷偷地撕下一张墙纸带回家给朋友看，最后演变成了雪佛兰的车标。

▶▶▶ 代表车型

雪佛兰科尔维特 (2020 年款)

雪佛兰西尔维拉多 (2022 年款)

雪佛兰科迈罗 (2023 年款)

GMC

GMC 是通用汽车公司旗下生产货车和多用途车辆的部门，其产品主要在北美和中东地区销售。

基本信息	
外文名	GMC
创立时间	1911 年
创始人	威廉·杜兰特
总部地点	美国底特律

❯❯❯ 品牌故事

1911 年，通用汽车公司收购了快速机动车辆公司（Rapid Motor Vehicle Company），并将其更名为通用汽车卡车公司（General Motors Truck Company，GMC），开始生产卡车。20 世纪 30 年代，GMC 开始生产皮卡和 SUV，并推出了一系列新款卡车，这些卡车在二战期间得到了广泛应用。20 世纪 80 年代，GMC 推出了皮卡西拉。20 世纪 90 年代，GMC 推出了全尺寸 SUV 育空，这是 GMC 最受欢迎的车型。21 世纪以后，GMC 开始注重豪华化和高端化。

❯❯❯ 标志解析

GMC 品牌的标志是由字母"G""M""C"组成的，以红色和银色为主色调，字母的边缘用银色勾勒，中间填充红色，整体设计简洁明快，富有现代感和科技感。该标志的设计旨在传达 GMC 所代表的价值观和品牌形象，即力量、精准、可靠性和豪华感。这些价值观和形象与 GMC 所生产的商用车辆的特点密切相关，同时也是 GMC 一直追求的目标。

▶▶▶ 代表车型

GMC 西拉（2023 年款）

GMC 育空（2023 年款）

GMC 萨瓦纳（2023 年款）

奥兹摩比

奥兹摩比是美国通用汽车公司旗下的一个历史悠久的品牌，已于 2004 年被裁撤。

基本信息	
外文名	Oldsmobile
创立时间	1897 年
创始人	兰塞姆·奥兹
总部地点	美国兰辛

▶▶▶ 品牌故事

奥兹摩比的前身是 1897 年由兰塞姆·奥兹创立的奥兹汽车公司，是美国最早的小客车制造商。1908 年，奥兹汽车公司被通用汽车公司收购，之后主要生产中档汽车。在 1983 年到 1986 年之间，奥兹摩比汽车的销售额达到高峰，年产量超过 100 万辆。20 世纪 90 年代后，由于面临外国品牌日益激烈的竞争，奥兹摩比汽车的销售额渐渐下降，再加上奥斯摩比与别克的定位出现一定的重叠，通用汽车公司不得不在 2004 年将奥斯摩比品牌裁撤。

▶▶▶ 标志解析

奥兹摩比的品牌名称由"Olds"与"mobile"组成。"Olds"是创始人兰塞姆·奥兹的姓氏，"mobile"在英文中是机动车的意思。奥兹摩比汽车的图形标志是一个椭圆的形状，在左下角有两个向右上方延伸的线条。这个图案是由奥兹摩比早期标志中的火箭图案演变而来，象征奥兹摩比积极向上、勇往直前的创新精神。

>>> **代表车型**

奥兹摩比 Intrigue（2002 年款）

奥兹摩比 Bravada（2003 年款）

奥兹摩比 Silhouette（2004 年款）

庞蒂克

庞蒂克是美国通用汽车公司旗下主要生产运动型轿车的品牌，已于2010年停止生产。

基本信息	
外文名	Pontiac
创立时间	1926 年
创始人	爱德华·墨非
总部地点	美国底特律

▶▶▶ 品牌故事

1893 年，爱德华·墨非创立了庞蒂克轻便马车公司。因为当时汽车外形沿用了马车的造型，故汽车也称"无马的马车"或"轻便马车"。爱德华·墨非于1900年开始研究汽车，并于1907年8月创立了奥克兰汽车公司。1908 年，该公司推出了奥克兰K型轿车，引起了通用汽车公司创始人威廉·杜兰特的注意。1909年4月，奥克兰汽车公司并入了通用汽车公司，并推出了奥克兰六缸轿车。1926年1月在纽约汽车展上，以"庞蒂克"命名的轿车首次亮相，大受消费者赞赏。1932 年，通用汽车公司正式使用庞蒂克汽车分部的名称和商标。

▶▶▶ 标志解析

庞蒂克的品牌名称取自美国密歇根州的一个地名。其图形标志是一个带十字形标记的箭头。十字形标记表示庞蒂克是通用汽车公司的重要成员，也象征着庞蒂克汽车安全可靠；箭头则代表庞蒂克的技术超前和攻关精神。

庞蒂克 Firebird（1979 年款）

庞蒂克 Solstice（2009 年款）

庞蒂克 Torrent（2009 年款）

土　星

基本信息	
外文名	Saturn
创立时间	1985 年 1 月
创始人	罗杰·史密斯
总部地点	美国底特律

土星是 20 世纪 80 年代美国通用汽车公司董事长罗杰·史密斯规划专门用来与日系车竞争的品牌，在 2010 年被裁撤。

▶▶▶ 品牌故事

1985 年，通用汽车公司决定组建土星分部，以抵御外国汽车大规模进入美国市场。土星分部是通用汽车公司成立时间最晚的分部，也是唯一从通用汽车公司内部建立起来的分部，前期设在田纳西州斯普林希尔，2007 年迁至密歇根州底特律。土星品牌首款汽车于 1991 年上市。1993 年，土星在 J.D. Power 新车品质调查中名列第三名，仅次于雷克萨斯与英菲尼迪，胜过丰田汽车，1997 年则与雷克萨斯并列第一。2007 年，因次贷经济危机，财政受到严重冲击的通用汽车公司为求美国联邦政府援助宣布破产保护，土星与庞蒂克、悍马品牌被取消。

▶▶▶ 标志解析

土星是通用汽车公司最年轻的品牌，没有历史包袱，不存在违背传统的顾忌，纯粹以市场需求为准绳，标新立异，轻装上阵，这就是土星汽车的特点。其标志为土星轨迹线，给人一种高科技、新观念、超时空的感觉，寓意土星汽车技术先进，设计超前且具有时代魅力。

》》》 代表车型

土星 Outlook（2007 年款）

土星 Sky（2009 年款）

土星 Aura（2009 年款）

悍　马　

HUMMER

悍马是美国通用汽车公司旗下主要生产越野车的品牌，曾在 2010 年被弃用，但是 2020 年通用汽车公司又宣布重新启用悍马品牌，并推出纯电动车型。

基本信息	
外文名	Hummer
创立时间	1992 年
创始单位	美国汽车综合公司
总部地点	美国底特律

▶▶▶ 品牌故事

1971 年，美国汽车公司组建了一家子公司——美国汽车综合公司（AM General Corporation）。20 世纪 70 年代末期，美国陆军根据越南战争经验，开始研发新一代轻型多用途车辆，但美国陆军主导研发的 XR311 试验车和意大利兰博基尼公司研发的 Cheetah 越野车均未能满足要求。到了 20 世纪 80 年代初，美国汽车综合公司总结了 XR311 试验车和 Cheetah 越野车落选的原因后，希望重新研制出同类型的越野车交给美军测试，其结果就是 Hmmwv 装甲车。1983 年，美国 LTV 公司从美国汽车公司手中购入美国汽车综合公司。1992 年，LTV 公司又将其出售给雷纳特集团。同年，民用型 Hmmwv 开始销售，正式定名为 Hummer（悍马）。1999 年，通用汽车公司收购了悍马品牌。

▶▶▶ 标志解析

悍马汽车的标志是由品牌名称的大写字母组成。原标志的字体较粗，符合悍马品牌所代表的越野和军事精神。2020 年悍马品牌重启后，标志也随之更新，字体较之前更简洁有力，所有的竖笔画拥有统一的宽度，同时字母"UMMER"笔画的边角进行了 45°的斜切处理。从整体来看，新标志减少了原标志的笨拙感，体现了电动汽车轻盈灵活的特点。

>>> 代表车型

悍马 H1（2006 年款）

悍马 H2（2008 年款）

悍马 H3（2010 年款）

昙花一现的美国肌肉车

在美国的汽车历史上，有这么一种车型，它有着硬朗的线条、强大的动力、极高的油耗，普通的躯壳下却通常蕴藏着一台狂躁的大排量发动机。这就是 20 世纪 60 年代在美国极其盛行并受到人们追捧的美国肌肉车型，美国人称其为"Muscle Car"。

二战结束以后，随着美国国力逐渐恢复，汽车产业也得到了迅速发展。20 世纪 60 年代，汽车在美国人生活中的地位已经远远超出了代步工具的范畴，一种名为"Drag Racing"（1/4 英里或 1/8 英里直线加速赛，通常只允许两辆赛车参赛）的汽车比赛在当地日趋流行起来。在这一背景下，拥有强大马力、硬朗外观的美国肌肉车应运而生。美国肌肉车的产生不仅反映了当时美国的汽车文化，更向全世界展现了美国人热情奔放、向往自由、崇尚个性的民族精神。

至于美国肌肉车起源于何时，至今尚无定论，但很多人认为，1949 年推出的奥兹摩比火箭 88 可以视为后来所有肌肉车的鼻祖。它首次将具有强大动力、创新的发动机——美国第一台高压缩比顶置气门 V8 发动机装置到了轻盈的车体上。这款车满足了美国民众对于性能和速度的渴求。奥兹摩比火箭 88 在 1950 年夺下了美国全国运动汽车竞赛（NASCAR）的冠军、戴托纳速度周的冠军以及赛程超过 2100 英里的卡雷拉 - 泛美拉力赛的冠军。在法国，一辆奥兹摩比火箭 88 在斯帕 - 弗朗科尔尚冠军赛中斩下桂冠。

奥兹摩比火箭 88

当奥兹摩比跨出了历史性的一步时，其他品牌也开始为自己旗下增添性能车型。其中就有克莱斯勒 1955 年推出的 C-300。这款车首次搭载了克莱斯勒引以为傲的第一代 Hemi 发动机（Hemi 是 Hemisphere 的简称，因这款发动机的燃烧室为半球形，而不是传统的平顶式而得名）。这款车在当时拥有不可思议的 300 匹强大马力（合 224 千瓦），很快就成为 NASCAR 的新霸主。

克莱斯勒 C-300

　　20 世纪 60 年代，真正意义上的肌肉车开始登上历史舞台。通用、福特、克莱斯勒、AMC 相继加入了这场全新的战斗。当时 Drag Racing 刚刚兴起，福特和克莱斯勒在比赛中展开了激烈的搏斗。克莱斯勒推出的排量为 6.8 升的 1962 年款道奇达特，在短短的 1/4 英里直道尽头就能加速到 161 千米 / 时的速度，这一过程仅用时 13 秒。

道奇达特

　　1964 年，通用汽车公司分别为旗下三个品牌奥兹摩比、雪佛兰和庞蒂克推出了大马力车型，仅一年之后，别克品牌也加入了肌肉车的开发热潮。

　　1964 年到 1965 年之间，福特将排量为 7.0 升的发动机塞进了福特雷霆的发动机舱里。克莱斯勒则开发出第二代排量为 7.0 升的 Hemi 发动机迎战。通用旗下的庞蒂克风暴 GTO 则装备了拥有先进赛车技术的 6.4 升 V8 发动机。1966 年，庞蒂克 GTO 从风暴车系中分离出来之后不带风暴，成为独立的性能车系。庞蒂克 GTO 成为通用汽车公司与克莱斯勒的道奇 Polara 500 和普利茅斯复仇女神抗衡的终极利器。在"大就是好"成为美国汽车用户的主流思想之时，像庞蒂克 GTO 这样的中大型跑车无疑取得了重大的胜利。

庞蒂克 GTO

　　1964 年秋，福特推出全新的小型跑车，也就是后来成为传奇的野马。这款车被认为是小马型肌肉车（即小型肌肉车）的开端，它的推出恰好迎合了美国战后婴儿潮一代的汽车需求——个性、速度、便宜，野马仅仅上市一天订单就超过 2.2 万份。为了满足消费者巨大的胃口，福特于次年为野马追加了排量为 4.0 升的 V8 发动机，随后推出的野马更是搭载 5.0 升发动机。1965 年，赛车界传奇人物卡罗尔·谢尔比改装了这款野马，拥有 290 马力的谢尔比 GT350 横空出世，横扫泛美房车锦标赛（Trans-Am）。

谢尔比 GT350

AMC 虽然是最晚加入肌肉车军团的，但它却在短短的几年时间里制造出了许多令人拍案叫好的作品，包括 AMC 漫步者"马尔林"斜背式跑车、AMC 叛逆者、AMC 标枪等。

1967 年开始，肌肉车间的马力竞赛已经处于白热化状态，排量在 7.0 升以上，马力达 350 匹，甚至马力 400 匹以上已经不算什么新鲜事了。到 1970 年时，肌肉车的马力竞赛达到顶峰。

物极必反，这句话同样也适用于肌肉车。肌肉车受到消费者疯狂追捧的大好局面并没有维持多久，20 世纪 70 年代的石油危机和美国政府颁布的新法规给了它重重一击，油耗极高的肌肉车无法适应新的社会形势，逐渐退出了历史舞台。

20 世纪 80 年代，美式跑车开始了它们的复苏历程。但此时它们已经不再是当年的肌肉车，因为严格的排放法规和安全法规让传统廉价的大马力跑车无处生存。更加先进的燃油喷射系统和超速挡技术被使用在肌肉车中的幸存型号，如已降级为小型跑车的福特野马、雪佛兰科迈罗和庞蒂克火鸟。它们与更高级的豪华跑车，如 1983 年到 1988 年间生产的别克君威 T、别克 GN、福特雷鸟涡轮增压双门跑车和雪佛兰蒙特卡洛 SS 共同搭建起了美国跑车市场的新格局。只是遗憾的是，它们的动力都无法与它们的肌肉车前辈媲美。

2018 年的雪佛兰科迈罗

3.3 斯特兰蒂斯集团（美国部分）<<<

 克莱斯勒

CHRYSLER

克莱斯勒是美国著名的汽车品牌，曾是克莱斯勒集团的核心企业，现为斯特兰蒂斯集团旗下品牌。

基本信息	
外文名	Chrysler
创立时间	1925 年 6 月
创始人	沃尔特·克莱斯勒
总部地点	美国底特律

▶▶▶ 品牌故事

1925 年 6 月，沃尔特·克莱斯勒利用马克斯韦尔汽车公司的剩余资产创立了克莱斯勒汽车公司。同年 8 月，克莱斯勒加拿大公司成立。到 1925 年年末，克莱斯勒汽车公司在美国已发展了 3800 家经销商。1928 年，克莱斯勒汽车公司收购了规模是其 5 倍之巨的道奇兄弟公司，成为美国三大汽车制造商（其余两家为通用汽车公司和福特汽车公司）之一。1998 年，克莱斯勒与戴姆勒 - 奔驰合并为戴姆勒 - 克莱斯勒，2007 年克莱斯勒集团的股份被出售，再度成为独立集团。2013 年，意大利菲亚特入股投资，并于翌年合并成为菲亚特克莱斯勒集团。2021 年，菲亚特克莱斯勒集团与标致雪铁龙集团合并为斯特兰蒂斯集团。

▶▶▶ 标志解析

克莱斯勒早期的标志像一枚奖章，20 世纪 60 年代开始采用著名的五角星标志，代表克莱斯勒的产品遍及五大洲。20 世纪 90 年代，克莱斯勒开始使用飞翼标志，整体形状比宾利、阿斯顿·马丁等品牌的飞翼标志更狭长。飞翼标志中间是克莱斯勒早期的奖章图案。2010 年推出的新标志保留了飞翼，中间的奖章图案改为白色的"CHRYSLER"字样，衬以蓝底。2023 年，克莱斯勒顺应时代潮流推出了采用扁平化设计的新标志。

克莱斯勒品牌标志演变历程

❯❯❯ 代表车型

克莱斯勒 300（2023 年款）

克莱斯勒太平洋（2023 年款）

道 奇

道奇是美国老牌汽车制造商，主要生产轿车、跑车、运动型多用途车等。

基本信息	
外文名	Dodge
创立时间	1900 年
创始人	约翰·道奇 霍瑞德·道奇
总部地点	美国奥本山

品牌故事

道奇品牌的创始人是一对出生在美国密歇根州的兄弟，哥哥约翰·道奇生于 1864 年，弟弟霍瑞德·道奇生于 1868 年。1886 年，道奇全家移居到底特律，开始了他们的创业之路。1897 年，霍瑞德·道奇发明了防尘轴承。同年，道奇兄弟创立了埃文斯和道奇自行车公司。1900 年，该公司被加拿大国家自行车公司收购，道奇兄弟得到了 7500 美元现金和防尘轴承的专利权，两人随即购买了机器设备并组建了道奇兄弟公司，该公司最初主要为奥兹摩比、福特生产配件。随着福特在零配件方面开始自给自足，失去主要客户的道奇兄弟公司开始着手进军整车制造领域，并在 1914 年 11 月推出了首款以道奇命名的车型。1917 年，道奇汽车的年销量达到 10 万辆。1920 年，道奇兄弟二人先后因肺炎去世。1928 年，克莱斯勒汽车公司收购了道奇兄弟公司。

标志解析

道奇汽车的标志是银色的"DODGE"字样加上两个红色的平行四边形，该标志于 2010 年开始使用，诠释了道奇汽车始终追求年轻的品牌内涵，并强调道奇汽车在制造高性能跑车方面有着悠久的历史。而在过去，道奇汽车最具代表性的图形标志是一个主体为公羊头的五边形图案，象征着道奇汽车强壮凶猛、善于决斗，表明道奇产品朴实无华、优雅大方。

》》》代表车型

道奇蝰蛇（2015 年款）

道奇杜兰戈（2019 年款）

道奇卡拉万（2020 年款）

公 羊

公羊是斯特兰蒂斯集团旗下的轻中型商用车部门，本为道奇汽车的一部分，以道奇公羊的品牌进行营销，2010 年开始与道奇分家，并且独立运作。

基本信息	
外文名	Ram
创立时间	2010 年
创始单位	道奇
总部地点	美国奥本山

>>> 品牌故事

公羊最初是作为道奇的一个车系推出的。1980 年，道奇以 1972 年的 D 系列皮卡为基础，打造了一款全新的皮卡。收购道奇的克莱斯勒创始人沃尔特·克莱斯勒认为公羊能代表"道路之王"，便决定以"RAM"来命名这款皮卡。道奇公羊借鉴了福特 F 系列皮卡的设计，根据不同的载重量划分为不同的版本。道奇分别于 1994 年、2002 年、2009 年推出了道奇公羊的换代车型。这些车型在美国市场上拥有广泛的用户群体，尤其是在商用车市场上表现更加出色。2010 年，公羊成为一个独立的品牌，以便更加专注于生产商用车辆。

>>> 标志解析

公羊品牌独立之初的标志设计延续了道奇的设计风格，立体的公羊头加上五边形背景，强调了品牌的力量感和稳健性。该标志采用银色和黑色搭配，尽显豪华感和现代感。2023 年，公羊在新推出的全尺寸电动皮卡车上使用了新的标志，艺术化的"RAM"字样配合发光效果，极具科技感。

》》》 代表车型

公羊 Rebel TRX（2014 年款）

公羊 RAM 1500 TRX（2022 年款）

公羊 RAM 3500（2022 年款）

吉 普

吉普是美国著名的汽车品牌，由于吉普汽车具有优越的越野性能，已经成为越野汽车的代名词。

基本信息	
外文名	Jeep
创立时间	1941 年
创始单位	威利斯公司
总部地点	美国托莱多

▶▶▶ 品牌故事

1938 年年初，欧洲战火开始蔓延，美国陆军总部向所有的汽车制造公司公开招标一款轻型侦察车辆，以便取代用来传递军情与负责先遣侦察任务的传统军用三人座摩托车。1940 年 11 月，威利斯公司、福特汽车公司和班塔姆公司三家进行设计投标。1941 年 7 月，威利斯公司的设计获得采用。1953 年，威利斯公司被亨利·凯撒买下，更名为凯撒吉普公司。20世纪 70 年代，凯撒吉普公司被美国汽车公司（AMC）收购。1987 年，克莱斯勒并购美国汽车公司，获得了吉普品牌。

▶▶▶ 标志解析

吉普以品牌名称作为标志，"J"为大写，"eep"为小写，字体为赫维提卡体。这是 1957 年瑞士字体设计师马克斯·米丁格、爱德华·霍夫曼合作设计出来的一种性格中立的无饰线字体，也是现在最流行的无饰线字体。"Jeep"各个字母的造型简单明了，没有太多的修饰和装饰，同时字母之间的间距适中，让整个标志看起来非常整洁和清晰。

▶▶▶ **代表车型**

吉普牧马人（2023 年款）

吉普大切诺基（2023 年款）

吉普角斗士（2023 年款）

普利茅斯

基本信息	
外文名	Plymouth
创立时间	1928 年
创始人	沃尔特·克莱斯勒
总部地点	美国底特律

普利茅斯是克莱斯勒汽车公司的一个中级轿车品牌，以制造大功率轿车并在汽车赛事上屡创佳绩而闻名。

品牌故事

克莱斯勒汽车公司在 1927 年创造了普利茅斯品牌，主要生产价格低于克莱斯勒和道奇的车型，以抢占低价轿车市场。第一种车型于 1928 年 6 月出厂，由于装配了四缸发动机，动力强劲，一经推出就广受消费者追捧。1998 年，克莱斯勒与戴姆勒 - 奔驰合并后成立了新的戴姆勒 - 克莱斯勒公司，同时成立了普利茅斯分部。2001 年，出于戴姆勒 - 克莱斯勒品牌战略的考虑，普利茅斯品牌被淘汰。

标志解析

普利茅斯是英国一个著名港口的名字，当年一批罪犯乘坐"五月花"号帆船从普利茅斯港口前往今天美国的马萨诸塞州。随着美国的独立，该帆船就此名闻遐迩。普利茅斯标志的主体就是抽象化的"五月花"号帆船图案，整个标志为圆形，外环为黑色，正上方是白色的"PLYMOUTH"字样。

>>> **代表车型**

普利茅斯 Prowler

普利茅斯 Voyager

普利茅斯 Neon

⚙ 简单粗暴的直线加速赛

在许多美国电影中都有这样的镜头：两辆肌肉车并排停在红绿灯口的停车线上，同时拉高转速蓄势待发，当绿灯亮起的那一刻，两辆车以迅雷不及掩耳之势冲出停车线，全力奔向直道的尽头……这种竞速方式，就是我们所说的直线加速赛（Drag Racing）。

直线加速赛是指两辆车在有限距离内，采取定点发车方式，进行的加速比赛，而此距离公认的标准为 1/4 英里（402.336 米）。直线加速赛以一种被称为"圣诞树"的电子设置为发车信号。离开发车线时，每位车手都将激活一个计时器，该计时器在赛车抵达终点线时停止计时。发车线到终点线的计时时间被称为该车的行驶时间，根据这一时间判定比赛成绩。其实说白了这种比赛的规则非常简单，简单到就像两个人进行百米赛跑，谁先到达终点谁就赢。

蓄势待发的直线加速赛赛车

只要是汽车赛事似乎都与改装着有密不可分的关系，直线加速赛也不例外，它的兴起同样源自美国改装文化的发展，而美国的汽车改装文化始于二战。二战期间，为了作战需要，很多民用车辆经过改装之后就承担了军用物资的运输工作。战争结束后，战士们把这些从战场上退役下来的改装车直接开回自己的家乡。这些绚丽的改装车辆在美国人眼里既充满活力，又彰显个性，于是纷纷效仿。一开始，他们选择进行改装的汽车通常是被废弃的旧车，改装的项目包括改进性能、加大车身尺寸、采用大轮圈、降低底盘、发动机可以像洪水猛兽一样猖狂地叫嚣。

有了华丽的改装车就有了叫嚣和炫耀的资本，到了 20 世纪 40 年代，一些年轻人开始在加州的干河床上进行两辆车的直线加速比赛，加速最快的车获得胜利，后来这种比赛被命名为"Drag Racing"。从 1950 年起这种比赛在美国开始正式流行起来，而比赛的地点也不再受场地的限制，比如，深夜几名街头车手驾车偶遇，来到城市中车流稀少的长直路段就可以一争高下。后来人们普遍认为直线加速赛是城市地下赛车运动的起源，而城市地下赛车运动在后期的发展中还增加了开放道路竞速（Open Road Racing）、山道竞速（Touge/Canyon Racing）、漂移等多种形式。

其实直线加速赛的兴起与美国的整体环境不无关系，由于美国地广人稀，公路又直又长，于是美国人因地制宜利用公路进行比赛。车辆改装的宗旨也是围绕着大马力、高速度发展，直线加速赛一直是美国人的最爱。为了赢得第一，改装车手们甚至不惜冒着生命危险，在车里偷偷安装容易爆炸的一氧化氮气体，以便在关键时刻为汽车提供足够的推进力，甩掉接近的对手。

经过疯狂改装的直线加速赛赛车

　　到了 1951 年，随着国家高速汽车协会（NHRA）的成立，直线加速赛也被白热化和公开化，参与的人也不再是美国街头某两个钩心斗角相互不服的年轻人，而观看比赛也成为车迷们最大的娱乐项目之一。美国人常把直线加速赛称为 4S（Sights，Sounds，Smells，SPeed），即充满刺激的场面、震耳欲聋的发动机声、甲醇燃料的强烈气味和超乎寻常的车速交汇在一起，构成刺激无比、地动山摇的热闹景象。

　　随着时间的推移，直线加速赛也逐步在欧洲、澳大利亚和亚洲的日本、泰国、马来西亚等国家盛行起来。各个地区也纷纷成立赛会组织，像职业赛手协会（PRA）、国际高速汽车协会（IHRA）等。如今，直线加速赛已是一项全球开展的深受年轻人欢迎的运动，尤其是发明此项运动的美国人。在北美地区，直线加速赛经久不衰，只是与最初的比赛不同的是参赛的车型中出现了许多新面孔，欧系车、日系车也成为赛场上的常客，但老式的肌肉车仍然是今日赛场上的明星。目前美国国内已经拥有 700 多条专业直线竞速赛道，许多直线加速赛赛车场也对公众开放。

在澳大利亚举办的直线加速赛

3.4　美国其他品牌

 特斯拉

基本信息	
外文名	Tesla
创立时间	2003 年 7 月
创始人	马丁·艾伯哈德 马克·塔彭宁
总部地点	美国帕洛阿托

特斯拉是美国一家电动汽车及能源公司，主要生产电动汽车、太阳能板及储能设备。特斯拉是世界上最早的自动驾驶汽车生产商。

品牌故事

2003 年 7 月 1 日，马丁·艾伯哈德和马克·塔彭宁创立了特斯拉汽车公司。公司成立后不久，工程师伊恩·莱特就成为公司的第三号员工。2004 年，埃隆·马斯克以 A 轮投资人的身份加入该公司成为董事长，并雇用锂电池专家施特劳贝尔组成公司早期团队。2007 年 8 月，时任公司 CEO 的马丁·艾伯哈德宣布辞职。另一位创始人马克·塔彭宁则先后担任公司的首席财务官、副总裁等职位直到 2008 年，随后也离开了特斯拉。2008 年 10 月，埃隆·马斯克成为特斯拉第四任 CEO。2017 年，公司更名为特斯拉公司，并进一步把电动汽车业务拓展到住宅及商业太阳能蓄电系统领域。

标志解析

特斯拉的品牌名称是为了纪念物理学家尼古拉·特斯拉。其图形标志是一个艺术化的字母"T"，这不仅是尼古拉·特斯拉名字的首字母缩写，也是对特斯拉公司产品的暗示，它代表着电动马达的横截面。字母 T 的主体部分代表电机转子的一部分，而顶部的第二条线则代表了外围定子的一部分。

》》 代表车型

特斯拉 Model 3（2023 年款）

特斯拉 Model Y（2023 年款）

特斯拉 Model S（2023 年款）

卡尔玛

卡尔玛是一家总部设在美国的电动汽车生产商，母公司为中国万向集团。该公司的前身为菲斯克汽车公司。

基本信息	
外文名	Karma
创立时间	2014 年
创始人	亨利克·菲斯克
总部地点	美国尔湾

➤➤➤ 品牌故事

卡尔玛汽车公司的前身是菲斯克汽车公司，是由菲斯克车身制造公司和量子技术公司于 2007 年 9 月合资成立的以插电混动汽车为主打产品的美国新能源汽车公司。其首款产品菲斯克卡尔玛于 2008 年 1 月在北美国际车展上首次亮相，引起了轰动，后于 2011 年正式上市。然而之后几年菲斯克的品牌形象因自燃、软件故障、召回等事件严重受损，又接连遭遇电池供应商破产、大量产品被飓风"桑迪"损毁等困难。2013 年 11 月，菲斯克汽车公司正式提交了破产保护申请。2014 年，被中国万向集团收购的菲斯克汽车公司正式更改为卡尔玛汽车公司。

➤➤➤ 标志解析

"Karma"一词取自印度语，大致含义是善有善报。该品牌的文字标志采用简洁而富有艺术感的设计，以流畅的线条组成，代表着生命的轮回和因果规律的连续性。而标志是一个日食形状的图案，展现出太阳的永恒光芒，象征着无尽的可再生能源，也表明卡尔玛对高端、环保和高品质汽车的追求。

代表车型

卡尔玛 Revero（2020 年款）

卡尔玛 Revero GT（2020 年款）

卡尔玛 GSe-6（2021 年款）

西尔贝

基本信息	
外文名	Shelby
创立时间	1999 年
创始人	杰罗德·谢尔比
总部地点	美国华盛顿

西尔贝是美国超级跑车制造商，其产品多次打破吉尼斯世界纪录。

▶▶▶ 品牌故事

西尔贝的创始人杰罗德·谢尔比从小生长在华盛顿，并且热衷于赛车文化，一直梦想着创立自己的跑车公司。1999 年，杰罗德·谢尔比正式创立西尔贝超级跑车公司。该公司最初的目标是打破世界最快量产车的纪录，研发一款速度超过 400 千米 / 时的超级跑车。2006 年，西尔贝推出首款超级跑车 Ultimate Aero。该车在 2007 年以 412 千米 / 时的速度打破了吉尼斯世界纪录。2011 年，西尔贝推出 Tuatara 超级跑车，采用了先进的碳纤维材料和空气动力学设计。西尔贝 Tuatara 于 2020 年正式上市，并创造了508.73 千米 / 时的惊人速度纪录。

▶▶▶ 标志解析

西尔贝的品牌标志是一个盾形图案，具有蓝色和白色菱形组成的底部花纹，中间有一条红白相间的折杠，看起来很像军人的臂章。图案上方有蓝色的 "In Veritate Victoria" 字样，这是一句拉丁文，意为 "真理必胜"，表明西尔贝作为一家高性能汽车制造商所秉持的价值观和信念。图案下方尖角部位有一个金色的雄鹿头，其设计灵感来源于美国西部的野生雄鹿，它在野外奔跑时非常迅捷和敏捷，代表了速度和力量。

》》 代表车型

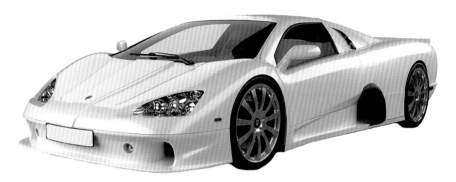

西尔贝 Ultimate Aero

西尔贝 Tuatara

轩尼诗

基本信息	
外文名	Hennessey
创立时间	1991 年
创始人	约翰·轩尼诗
总部地点	美国西利

轩尼诗是美国一家高性能汽车改装和制造公司，在美国肌肉车改装领域具有较高的声望。

▶▶▶ 品牌故事

轩尼诗改装公司（Hennessey Performance Engineering）成立于 1991 年，总部位于美国西利。该公司以生产高性能超级跑车和改装现有汽车为主要业务，同时也提供一系列汽车零部件和性能升级套件。该公司的改装方案和性能升级套件广泛应用于各种高性能汽车品牌，如福特、道奇、克莱斯勒、保时捷、法拉利等。轩尼诗改装公司的产品和服务吸引了众多汽车爱好者和收藏家的关注，成为高性能汽车制造和改装领域的重要代表之一。

▶▶▶ 标志解析

轩尼诗的品牌标志是一个以黑色为底色的圆形图案，主体是一个艺术化的字母"H"，这是创始人约翰·轩尼诗名字的首字母缩写。该字母的字号较大，采用现代化的字体设计，颜色为银灰色，带有一定的立体感，突出了品牌的个性和创新性。圆形图案的外围有"HENNESSEY PERFORMANCE"字样，这是公司名称的主要部分，也表明公司的专业和技术实力。

》》》 代表车型

基于路特斯 Exige 改装而来的轩尼诗 Venom GT

基于轩尼诗 Venom GT 改装而来的轩尼诗 Venom F5

基于雪佛兰科迈罗改装而来的轩尼诗 Exorcist

马　克

马克是美国商用卡车制造商，现为瑞典沃尔沃集团的子公司，主要生产中型卡车和重型卡车。

基本信息	
外文名	Mack
创立时间	1900 年
创始人	约翰·马克 奥古斯都·马克
总部地点	美国格林斯伯勒

≫≫ 品牌故事

1900 年，约翰·马克和奥古斯都·马克兄弟二人在美国纽约布鲁克林区创立了马克兄弟公司。一战期间，马克兄弟公司生产的卡车获得了英国前线士兵和英国政府的肯定，凭借其耐用性、可靠性获得了大量军事订单，这也为战后的发展提供了充足的资金。1922 年，公司更名为马克卡车公司。二战后，马克进军重型卡车市场。1977 年开始，马克全方位进军工程车、矿用卡车、专用车领域。1990 年，法国雷诺商用车公司正式收购马克卡车公司。2001 年，沃尔沃集团收购了雷诺的卡车业务，马克品牌也随之归于沃尔沃集团旗下。

≫≫ 标志解析

一战期间，大量马克 AC 型卡车在英国和美国部队中服役，由于这种卡车所具有的超强动力和扁平的鼻形发动机罩让人很容易联想起斗牛犬，所以英国士兵就把它们称作"斗牛犬"。1932 年，斗牛犬正式成为马克的品牌标志，象征着马克卡车勇往直前。2014 年，马克将立体的斗牛犬图案改为二维图案，从而更加简洁和时尚。

▶▶▶ 代表车型

马克 TerraPro

马克 Pinnacle

马克 MD

影响深远的美国公路文化

　　美国，作为世界面积第四大的国家，拥有得天独厚的自驾环境。地广人稀、风景独特，孕育出了美国独特的公路文化。公路文化是美国独具特色的文化象征，它的形成、发展与演变一直贯穿着美国历史的进程。

　　美国公路文化的形成离不开公路的大量建设。早在 20 世纪初，美国政府就开始修建大量公路，尤其是 20 世纪 20 年代，大规模的公路建设为美国公路文化的兴起打下了坚实的基础。此外，20 世纪 40 年代的战争期间，公路的快速发展更是推动了美国公路文化的进一步繁荣。

美国著名的 66 号公路

　　美国公路文化对于整个美国社会产生了深远影响。公路文化的兴起带动了汽车产业的发展，推动了城市的扩张和人口的流动，也促进了旅游业的繁荣。此外，公路文化还成为美国人民生活中不可或缺的一部分，深深地融入了美国人的日常生活中。

贯穿整个美洲大陆的泛美公路

美国公路文化代表着自由、冒险和开放的精神。公路上的旅行成为一种生活方式，美国人民通过公路旅行追寻自由和探索未知。车辆、加油站、路标等元素也成为公路文化的重要符号，代表着美国公路文化所彰显的独特氛围。

美国公路旁的路标

美国公路文化与音乐和电影产业之间有着密不可分的联系。公路音乐成为美国音乐文化的重要组成部分，如著名的公路之王布鲁斯·斯普林斯汀的音乐作品深深地烙印在人们的心中。此外，公路电影也成为美国电影产业的重要题材，如《碧血蓝天》等影片通过公路的故事展现了美国公路文化的浪漫与忧伤。

公路旅行作为美国公路文化的重要体现，拥有独特的魅力。美国陆续打通的公路网络使得公路旅行成为美国人民放松和欣赏风景的重要方式。公路旅行途中的美景、小镇风情、地方美食等都让公路旅行成为美国文化传承与体验的重要方式。

3.5　美洲汽车品牌 ‹‹‹‹

费利诺

基本信息	
外文名	Felino
创立时间	2009 年
创始人	安托万·贝塞特
总部地点	加拿大蒙特利尔

费利诺是加拿大一家汽车制造商，主要生产超级跑车和赛车。

››› 品牌故事

费利诺的创始人安托万·贝塞特是一位有着丰富赛车经验的前 F1 赛车手，他致力于将自己的赛车经验和技术应用于费利诺汽车的设计和制造。费利诺公司总部位于加拿大魁北克省蒙特利尔市，其目标是生产高端、专业级别的跑车。费利诺的第一款车型是 cB7，于 2010 年开始研发，2014年在蒙特利尔国际车展上首次亮相，2016 年正式上市。2020 年，费利诺推出了第二款车型，名为 cB7R。该车基于 cB7 打造，但外观更加侧重于赛车风格。除了生产跑车外，费利诺还生产专业赛车，包括 GT 车和耐力赛车。

››› 标志解析

费利诺汽车采用菱形标志，以黑色为底色，边框为银灰色，内部文字和图案也是银灰色。标志的主体是两个字号较大并且对称排列的艺术化字母 "F"，这是费利诺品牌名称的首字母。标志上方有 "FELINO" 字样和三个形似尖牙利爪的图案，象征着费利诺汽车的高性能。

》》代表车型

费利诺 cB7

费利诺 cB7R

布里克林

布里克林是加拿大一家短暂存在的汽车制造商，也是加拿大历史上少数几个尝试生产汽车的公司之一。

基本信息	
外文名	Bricklin
创立时间	1974 年
创始人	马尔克姆·布里克林
总部地点	加拿大圣约翰

▶▶▶ 品牌故事

布里克林的创始人是美国企业家马尔克姆·布里克林，他主要在美国制造和进口汽车，一生中创立了 30 多家公司，最著名的是北美的斯巴鲁。因为斯巴鲁品牌在北美市场取得的成功，马尔克姆·布里克林积累了大量财富。随后他决定制造一款比雪佛兰克尔维特更便宜、更安全的跑车。1974 年，马尔克姆·布里克林创立了布里克林加拿大汽车公司，并推出了布里克林 SV-1 跑车。由于车辆的缺陷和过高的价格，布里克林每年生产超过 10 000 辆的计划以惨败告终。在 1976 年公司破产之前，布里克林 SV-1 在加拿大新不伦瑞克省共生产了 2854 辆。《时代》杂志认为它是"有史以来最糟糕的 50 辆汽车"之一。不过，布里克林 SV-1 的独特设计（复合丙烯酸 / 玻璃纤维车身、电动鸥翼门、吸能前保险杠）和创新功能使它成为收藏家的珍品。

▶▶▶ 标志解析

布里克林汽车的标志是一个细长的矩形，底色为黑色，主体图案为一个红黑相间的艺术化字母"B"，这是布里克林品牌名称的首字母，也是品牌创始人马尔克姆·布里克林的姓氏首字母。红色代表速度、激情，黑色代表安全、坚固。

代表车型

布里克林 SV-1

阿格莱

阿格莱是巴西一家汽车制造商，主要生产农用拖拉机、卡车、公共汽车、摩托车以及军用车辆等，同时也生产发动机。

基本信息	
外文名	Agrale
创立时间	1962 年
创始人	弗朗西斯科·施泰迪尔
总部地点	巴西南卡希亚斯

▶▶▶ 品牌故事

阿格莱汽车公司创立于 1962 年，创始人弗朗西斯科·施泰迪尔是一名工程师。该公司最初是作为一家农业机械制造商而闻名，后来开始生产各种类型的汽车，包括卡车、公共汽车、军用车辆等。阿格莱汽车公司拥有庞大的销售网络，其产品除了销往拉丁美洲各国以外，非洲、中东地区的多个国家也有它们的身影。

▶▶▶ 标志解析

阿格莱的品牌标志是一个红色三角形，由品牌名称的首字母"A"经艺术化设计而来。这个三角形标志的设计灵感来自于三角形的稳定性和力量，代表了阿格莱汽车的可靠性和耐用性。此外，标志中的红色也象征着阿格莱汽车公司的热情和创新精神。

》》 代表车型

阿格莱 8500

阿格莱 4230.4

TAC

TAC MOTORS

TAC 是巴西一家汽车制造商，其产品线不及阿格莱汽车公司丰富，但依旧属于巴西自主品牌的中流砥柱。

基本信息	
外文名	TAC
创立时间	2004 年
创始人	罗慕洛・德・阿尔梅达
总部地点	巴西若因维利

》》》 品牌故事

TAC 创立于 2004 年，总部位于巴西圣卡塔琳娜州的若因维利市。该公司的创始人是一位名叫罗慕洛・德・阿尔梅达的巴西企业家，他在公司的发展过程中发挥了重要的作用。他希望打造一种在巴西和国际市场上都具有竞争力的高品质汽车，因此投入了大量的资金和精力来推动公司的发展。虽然 TAC 在其短暂的历史中遇到了一些挑战，但其产品在巴西和其他国家的市场上仍然获得了一定的认可。

》》》 标志解析

TAC 公司的全称为"圣卡塔琳娜汽车技术公司"（Tecnologia Automotiva Catarinense）。其品牌标志的主体图案像一支倒立的三叉戟或一柄西洋剑，也像一个经过艺术化处理的字母"T"。这个标志象征着 TAC 汽车的卓越性能和可靠性。

TAC Stark

第 4 章 亚洲汽车品牌

21 世纪以来，部分亚洲国家的汽车生产技术和研发水平大幅度提高，且随着中国、印度等亚洲国家经济的发展，亚洲汽车市场需求增大，亚洲总体经济、技术环境有利于汽车企业的生产销售，因此，亚洲成为全球汽车生产投资的优先选择，全球汽车生产中心发生转移。

4.1 第一汽车集团 ◀◀◀◀

 解 放

基本信息	
外文名	Jiefang
创立时间	1953 年 7 月
创始单位	第一汽车制造厂
总部地点	中国长春

　　解放是中国第一汽车集团有限公司（以下简称一汽集团）旗下的商用车品牌，其产品涵盖重、中、轻型卡车及客车领域，拥有牵引、载货、自卸、专用、新能源、轻卡、客车七大品系。

▶▶ 品牌故事

　　1953 年 7 月，中国第一汽车制造厂在长春奠基。1956 年 7 月，第一汽车制造厂生产出第一辆解放卡车，从此结束了中国不能自行大批量生产汽车的历史。"解放"也成为中国第一个汽车品牌。1982 年 12 月 20 日，在中国汽车工业公司领导下，经过一年多的筹建，由国家经济委员会批准，以第一汽车制造厂为主体的解放汽车工业联营公司正式成立。1993 年，该公司改名为中国第一汽车集团有限公司。2003 年 1 月，一汽解放汽车有限公司成立，成为中国第一汽车集团公司的全资子公司。2020 年 5 月，一汽解放汽车有限公司在深交所 A 股上市。2020 年，一汽解放汽车有限公司共生产整车超过 51 万辆，销售超过 48.9 万辆，市场份额稳步提升。

▶▶ 标志解析

　　解放品牌使用一汽集团的图形标志，该标志将阿拉伯数字"1"和汉字"汽"巧妙布置，构成一只展翅的雄鹰图案，它既代表不断进取、展翅高飞的一汽精神，又表达了中国汽车工业冲出国门、走向世界的决心。

2022 年推出的新标志中"鹰"的羽翼抽象为两个字母"E"，分别代表 Environment 和 Enjoy，寓意一汽集团致力于绿色低碳、节能环保，努力为用户提供"美妙出行、美好生活"，打造世界一流、环境友好、深受消费者喜爱的移动出行服务公司的愿景。

▶▶▶ 代表车型

解放 J7

解放奥威

红　旗

基本信息	
外文名	Hongqi
创立时间	1958 年
创始单位	第一汽车制造厂
总部地点	中国长春

红旗是中国一汽集团旗下的豪华汽车品牌，一直是我国的阅兵礼宾车，是我国汽车工业的代表性品牌之一。

品牌故事

1958 年，中国第一汽车制造厂通过逆向研发打造出我国第一款自主研发的轿车，命名为红旗 CA72。1960 年，红旗 CA72 参加日内瓦展览会，随后被编入《世界汽车年鉴》。在随后的几十年时间里，红旗不断推出各类豪华轿车。1981 年 6 月，红旗轿车因各种原因，被下令停止生产，直到 1984 年国庆庆典活动需要检阅车，红旗才得以重新开始生产。21 世纪以来，随着我国经济的快速发展和消费的升级，红旗进行了品牌升级和转型，逐渐向豪华化、智能化、电气化方向发展。如今，红旗已经成为我国豪华汽车市场的一支重要力量，也在不断拓展海外市场。

标志解析

红旗汽车采用一个中央带有"T"字形红色标识的盾形标志，其设计灵感源自迎风飘扬的红旗，展现韵律之美，象征奋进向上的红旗精神。对开的红旗象征打开振兴之门，踏上成功之路，预示红旗品牌旗开得胜。金色的中轴线灵感源自北京市的中轴线。底纹采用菱形网格经纬线设计，寓示经纬阡陌，品牌万物互联，象征红旗要扬名于世；辅以深色背景，显得十分大气端庄。整个标志采用黄金比例分割，寓示红旗汽车由精致工艺铸造。整个标志看起来像一面坚实的盾牌，无时无刻不在保护着车主；又像一支箭矢，可攻可守，完美地诠释了红旗对未来战略的明确定位。

▶▶▶ 代表车型

红旗 L5

红旗 H9

奔 腾

奔腾是中国一汽集团旗下的乘用车品牌，主要生产轿车、SUV 和 MPV 等车型。

基本信息	
外文名	Bestune
创立时间	2006 年 5 月
创始单位	一汽集团
总部地点	中国长春

▶▶ 品牌故事

奔腾品牌创立于 2006 年，创立之初以生产中高档轿车为主，定位于年轻、时尚、运动的消费者群体。奔腾的第一款车型是奔腾 B70 轿车，它于 2006 年 8 月正式上市。随后，奔腾陆续推出了 B50、B90、B70G、B30 等多款轿车产品。奔腾 B50、奔腾 B70G 等车型曾经获得国内外多项汽车评选奖项。2013 年，奔腾推出了 SUV 车型——奔腾 X80，进一步扩大了产品线。2018 年，奔腾推出了全新的品牌口号"年轻不止，奔腾不息"，并开始向年轻化、智能化的方向转型。此后，奔腾陆续推出了 T77、T33、T99、 T55 等多款新车型，并采用了先进的智能化技术。2021 年，奔腾推出了 MPV 车型——奔腾 NAT。

▶▶ 标志解析

奔腾的品牌标志被称为"世界之窗"，其核心元素"1"源于"第一汽车"，代表奔腾品牌的历史与传承。"第一"是奔腾人做事的态度和做人的标准，是奔腾品牌永不放弃的精神和坚定不移的信仰。奔腾矢志不渝、无所畏惧，一定能实现敢为人先、勇争第一的远大志向。品牌的英文标志由"BEST"和"TUNE"共同组成，"BEST"象征着最好、最高、最适合，"TUNE"则代表青春的节奏、运动的旋律、时代的潮流。

代表车型

奔腾 B70

奔腾 T55

奔腾 NAT

4.2 东风汽车集团

东风风神

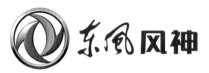

东风风神是中国东风汽车集团旗下的自主乘用车品牌，在东风自主乘用车事业中居于核心地位。

基本信息	
外文名	Aeolus
创立时间	2009 年
创始单位	东风汽车集团
总部地点	中国武汉

品牌故事

东风汽车集团是中国四大汽车集团之一，其前身是 1969 年始建于湖北十堰的第二汽车制造厂。2007 年 7 月，东风汽车集团成立乘用车事业部（2008 年 8 月改称东风乘用车公司），开始发展自主品牌乘用车。2009 年 3 月，东风乘用车公司正式发布自主乘用车品牌——东风风神，同年，推出第一款车型——东风风神 S30。之后，公司陆续推出了 A60、AX7、L60、E70、奕炫等车型。2020 年，东风风神发布了全新的"风神赛道标识" AEOLUS。

标志解析

东风风神的品牌标志为正圆形（2012 年 11 月前使用的是椭圆形），内部是两只环绕正圆、展翅高飞的春燕，既是春风送暖的象征，又是寄托着东风人全部的情与思的吉祥物，一个代表传承，一个代表创新，既表明东风风神对东风精神的血脉传承和对东风新事业的激情拓展，又喻示着中国与世界汽车文明的和谐交融。品牌标志的主色调是代表经典、吉祥、进取的"中国红"和突显安全、可靠、从容、睿智、品质的"金属银"。这与东风风神品牌的固有属性和价值主张高度契合。

代表车型

东风风神 AX7

东风风神 L60

启 辰

启辰是中国东风汽车集团旗下东风日产乘用车公司持有的汽车品牌。

基本信息	
外文名	Venucia
创立时间	2010 年 9 月
创始单位	东风日产乘用车公司
总部地点	中国广州

品牌故事

2010 年 9 月，东风日产乘用车公司推出了一个新的汽车品牌——启辰，专门针对中国国内市场，用来销售该公司设计和开发的汽车。2011 年 11 月，启辰首家专营店在深圳开业。从 2012 年 4 月开始，启辰在一年半的时间里先后推出 D50、R50、R50X 三款车型，全面满足了普及型市场消费者的需求。2013 年 4 月，启辰在上海车展上发布新能源战略。2015 年 6 月，启辰荣获 J.D. Power 销售满意度调查合资自主品牌冠军。2020 年 12 月，启辰由独立品牌变更为东风日产乘用车公司旗下第二品牌。2022 年 12 月，启辰品牌在广州车展上宣布向新能源领域全面转型，将不再研发纯燃油新车。

标志解析

启辰的旧版标志于 2010 年启辰品牌创立时启用，标志中的五颗星源自《史记·天官书》中的"天有五星，地有五行"的说法，寓意和谐，蕴含祥瑞之意。2017 年更换的标志保留了原有的标志性"五角星"元素，而在细节方面做了改变：原五颗星简化为大小两颗五角星，其中大星为开放性的五角星设计，传达了东风启辰开放、包容的企业风格。同时，五角星又代表着启辰的"星"标准：通过高标准的设计、制造和服务以及不断革新的先进科技，打造高品质与智能互联价值标签，为消费者提供星级的产品与服务。

▶▶▶ 代表车型

启辰 T90

启辰 T70

启辰 R30

岚 图

　　岚图是中国东风汽车集团旗下岚图汽车科技有限公司打造的高端智慧电动汽车品牌。

基本信息	
外文名	Voyah
创立时间	2018 年
创始单位	东风汽车集团
总部地点	中国武汉

▶▶▶ 品牌故事

　　2020 年 7 月 29 日，东风汽车集团在武汉东湖之滨汉秀剧场举行岚图汽车品牌战略发布会。2021 年 6 月，岚图汽车科技有限公司正式成立，首款车型岚图 Free 于同年 8 月交付。2022 年 5 月，岚图第二款车型岚图梦想家上市，定位"电动豪华旗舰 MPV"。2022 年 12 月，岚图追光正式发布，该车作为岚图品牌第一款轿车，基于 ESSA 原生智能电动架构打造，是岚图首台搭载中央集中式 SOA 电子电气架构的车型。

▶▶▶ 标志解析

　　岚图是"蓝图"的谐音，寓意美好的规划和前景。"岚"表示山谷中的风，清风徐来，清新自然，给人纯净、清洁的新能源联想。"图"表示谋划图新，充满智慧。其英文名称"Voyah"，取自"Voyage"（航行），充满探索精神，是科技与自然融合的自由随心旅途。岚图品牌的标志设计灵感源于《逍遥游》中的鲲鹏展翅，充满实力和创见，表达品牌与目标人群的相同特质，展现品牌陪伴用户御风而行，运用实力与创见创享人生蓝图、实现自我价值。

》》》 代表车型

岚图 Free

岚图梦想家

岚图追光

4.3　上海汽车集团

 荣　威

基本信息	
外文名	Roewe
创立时间	2006 年 10 月
创始单位	上汽集团
总部地点	中国上海

　　荣威是中国上海汽车集团股份有限公司（以下简称上汽集团）旗下的汽车品牌，其名称取意"创新殊荣、威仪四海"。

》》 品牌故事

　　荣威品牌于 2006 年 10 月推出。该品牌的汽车技术来源于上汽集团之前收购的英国汽车品牌罗孚，但由于罗孚品牌的使用权被美国福特汽车公司从宝马公司手中收回合并于路虎，因此上汽集团不得不自推品牌。荣威品牌成立之初，主要推出了以 MG 品牌为基础的轿车和 SUV 产品。2010 年，荣威开始进行品牌转型，重点推出自主研发的车型。2014 年以来，荣威加速产品升级，不断推出新车型并逐步实现国际化布局。

》》 标志解析

　　荣威品牌标志的整体结构是一个稳固而坚定的盾形，喻示其产品可信赖的尊崇品质，以及上汽集团自主创新、国际化发展的坚定决心与意志。品牌标志的核心形象是两只站立的东方雄狮。狮子是百兽之王，代表着吉祥、威严、庄重。在西方文化中，狮子也是王者与勇敢精神的象征，其昂然挺立的姿态传递出一种崛起与爆发的力量感。图案的中间是双狮护卫着的华表。华表是中华文化中的经典图腾符号，不仅蕴含了民族的威仪，同时具有高瞻远瞩，祈福社稷繁荣、和谐发展的寓意。图案下方用现代手法绘成的符号是字母"RW"的融合，是品牌名称的缩写，同时"RW"在古埃及语中亦代表狮子。

>>> **代表车型**

荣威 ERX5

荣威 i6 MAX EV

荣威 Marvel X

五 菱

五菱是中国柳州五菱汽车有限责任公司的注册商标及品牌，其标志已经全部授权给上汽通用五菱汽车股份有限公司使用。五菱是中国汽车行业著名品牌，在微车市场上与长安齐名。

基本信息	
外文名	Wuling
创立时间	2002 年 11 月
创始单位	柳州五菱
总部地点	中国柳州

》》 品牌故事

2002 年 11 月 18 日正式挂牌成立的上汽通用五菱汽车股份有限公司（SGMW），是由上海汽车集团股份有限公司、美国通用汽车公司、广西汽车集团有限公司（原柳州五菱汽车有限责任公司）三方共同组建的大型中外合资汽车公司，其前身可以追溯到 1958 年成立的柳州动力机械厂。公司的产品包括微型商务用车、微型厢式客车、微型双排货车、微型单排货车、微型乘用车等。2020 年 5 月 25 日，上汽通用五菱汽车股份有限公司宣布成为首家产量突破 2200 万辆的中国汽车企业。

》》 标志解析

五菱的品牌标志由五个菱形组成，与品牌名称相呼应。该标志形似鲲鹏展翅、雄鹰翱翔，有上升、腾举之势，象征着五菱汽车的未来一片光明。标志的颜色有两种，一种是早期的红色，另一种是 2020 年推出的银色。红色标志作为五菱品牌的立身之本，寓意品牌的传承，更能体现出五菱品牌的精神；而银色标志突显品牌的多元化、年轻化、国际化的发展方向，寓意品牌的向上和进阶之路。

》》》 代表车型

五菱荣光 S

五菱宏光 S

宝　骏

基本信息	
外文名	Baojun
创立时间	2010 年 7 月
创始单位	上汽通用五菱
总部地点	中国上海

　　宝骏是中国上汽通用五菱汽车股份有限公司旗下的乘用车品牌。"骏"的本义是良驹，宝骏即人们最心爱的良驹。

▶▶▶ 品牌故事

　　2010 年 7 月 18 日，上汽通用五菱汽车股份有限公司发布乘用车品牌"宝骏"，正式进军乘用车市场。宝骏汽车充分集成了上汽、通用、五菱三方的优势资源，品牌定位为"可靠的伙伴"，以"乐观进取、稳健可靠、精明自信"为品牌精神，旨在为消费者提供"在拥有时觉得自豪的，有价值的汽车产品"。自创立以来，宝骏先后共推出家用轿车宝骏 630、宝骏 610，SUV 车型宝骏 510、宝骏 530，MPV 车型宝骏 730、宝骏 360，小型车宝骏 310、宝骏 310W 以及新能源电动车宝骏 E100、宝骏 E200 等。2017 年 6 月，宝骏的文字和图形商标获得中国驰名商标认定。

▶▶▶ 标志解析

　　宝骏品牌标志的图案设计与品牌名称"宝骏"声形一致，以"马首"作为品牌标志的主元素，以形表意，将中国传统元素与现代构图形式相融合的创意思路，充分体现了"乐观进取、稳健可靠、精明自信"的品牌精神。标志中马首昂立，代表企业与品牌向中国数百万车主及用户致敬。早期标志的整体结构采用了国际品牌常见的稳固而坚实的盾形，暗喻其产品的可靠品质。2019 年推出的钻石标志和 2023 年推出的扁平化标志都延续了"马首"元素。

▶▶▶ 代表车型

宝骏 630

宝骏 730

宝骏 RS-3

上汽大通

上汽大通是中国上汽集团的全资子公司上汽大通汽车有限公司持有的商用车品牌。

基本信息	
外文名	SAIC Maxus
创立时间	2011 年 3 月
创始单位	上汽集团
总部地点	中国上海

▶▶▶ 品牌故事

上汽大通品牌最初是由上汽集团通过收购成立的。因此前上汽集团收购的名爵和荣威品牌在乘用车领域顺利起步，上汽集团高层认为，收购核心资产和品牌，从高起点起步是发展自主品牌的一个可行捷径。这种模式同样被上汽集团在商用车领域复制。2009 年，上汽集团收购了英国 LDV 公司的核心资产，随后在其基础上成立了上汽大通汽车有限公司，并充分利用其旗下原有的 MAXUS 品牌已有的知名度和影响力，面向全球推出了上汽大通品牌。

▶▶▶ 标志解析

上汽大通品牌标志的主体图案由三个银色三角形组合而成，造型简洁、大气，极具现代感和品质感。三个三角形分别代表科技、信赖和进取，是上汽大通品牌的核心价值。所组成的向上箭头形状，既喻示着上汽大通积极向上、突破进取、开拓创新的企业精神，又体现了上汽大通"始终以消费者需求为导向"的品牌宗旨，以超越消费者期望为目标的品牌追求。椭圆形象征着上汽大通以世界为舞台，布局全球的战略视野，以及与上汽集团之间一脉相承的紧密联系。

▶▶▶ **代表车型**

上汽大通 V90

上汽大通

智 己

智己是中国上汽集团旗下的高端智能电动车品牌，其中文名称取自《周易·系辞·上》"知周乎万物，而道济天下"，意在用智慧周全万物，勤奋探索，定义、创造、实现时代所驱、用户所需的智慧出行。

基本信息	
外文名	IM
创立时间	2020 年 12 月
创始单位	上汽集团
总部地点	中国上海

▶▶▶ 品牌故事

智己汽车科技有限公司是由上汽集团、张江高科和阿里巴巴集团联合打造的电动车品牌，于 2020 年 12 月 25 日正式推出。2021 年 4 月 19 日，智己 L7 的原型车在上海国际汽车工业博览会上亮相，同时开启预售。2022 年 6 月 18 日，智己 L7 启动中国用户交付。2022 年 12 月 20 日，智己汽车首款 SUV 车型智己 LS7 开启预售。

▶▶▶ 标志解析

智己品牌的英文名称"IM"意为"Intelligence in Motion"，是对智能汽车进化方向的理性思考：专注于人工智能与人类智慧协同创造、互相成就的整车深度智能化。智己品牌的标志是"IM"字母的变形，亦为 AI 时代创作的独有印记。标志的设计蕴藏了从 0 到 1 的数字密码，表达简洁，又能变化无穷地去缔造新世界。在大数据时代，这个由 0 和 1 构成的标志，用简约、亲和、互联的语言，体现出智能科技带有温度感的张力。它以艺术的感知，来表达一个变革者的心声：与新时代消费者共创智能出行的新纪元。

代表车型

智己 L7

智己 LS7

4.4　长安汽车集团

长　安

基本信息	
外文名	Changan
创立时间	1957 年
创始单位	西南兵工局
总部地点	中国重庆

长安是中国重庆长安汽车股份有限公司旗下的汽车品牌，主要生产微型客车、乘用车等产品。

品牌故事

重庆长安汽车股份有限公司的前身是上海洋炮局，由洋务运动的发起人李鸿章于 1862 年 12 月授命英国人马格里和中国官员刘佐禹在上海松江城外一所庙宇中创办。1863 年，该公司迁往苏州，更名为苏州洋炮局。1864 年，苏州洋炮局引进英国机械设备用于制造，开创了中国近代工业的先河。1865 年，苏州洋炮局迁至南京，更名为金陵制造局，主要生产各种枪炮。1929 年，金陵制造局改隶兵工署直辖，并更名为金陵兵工厂。1937 年，兵工厂西迁重庆，更名为兵工署第 21 兵工厂。1951 年 6 月，兵工署第 21 兵工厂更名为中央兵工总局第 456 厂。1957 年 4 月，第 456 厂第二厂定名为国营长安机器制造厂。此后，经过多次改制后改为现名。

标志解析

长安品牌的 V 形标志创意来自抽象的羊角形象，形似直立欲飞的翅膀，象征着一种一往无前的气势，一种高瞻远瞩、放眼未来的态度。在罗马数字中，"V"代表"5"，而"5"在中国文化中主要体现为五行学说，即金木水火土形成一个完美的链条，体现其各方面紧密默契配合。同时，在英语中，V 也是单词"Victory"（胜利）和"Value"（价值）的首字母，代表长安汽车及其用户走向新的成功。

▶▶▶ **代表车型**

长安 UNI-V

长安 UNI-K

长安 CS95

阿维塔

阿维塔是中国重庆长安汽车股份有限公司旗下的高端智能电动汽车品牌，由长安、华为、宁德时代三方联合打造。

基本信息	
外文名	Avatr
创立时间	2018 年 7 月
创始人	长安汽车
总部地点	中国重庆

品牌故事

2018 年 7 月 10 日，长安蔚来新能源汽车科技有限公司成立。2021 年 5 月 20 日，公司更名为阿维塔科技有限公司。公司总部位于中国重庆，并在中国上海及德国慕尼黑设有分部。作为智能电动汽车（SEV）新赛道的探索者，阿维塔科技致力于打造国际化高端 SEV 品牌。2021 年 11 月 15 日，阿维塔科技在上海进行了品牌的全球首发，首款智能电动汽车阿维塔 11 也正式亮相。2022 年 8 月 8 日，阿维塔科技正式发布阿维塔 11 以及联名限量版车型阿维塔 011。

标志解析

阿维塔的品牌名称取自英文"Avatar"，意为"化身"。阿维塔的品牌标志是由线和面构成的多面体：线条交汇，象征奔赴所爱、一往无前。多面拼接，是悦己至上的阿维塔车主，丰富从容的人生映射。

》》》 代表车型

阿维塔 11

阿维塔 011

深 蓝

深蓝是中国重庆长安汽车股份有限公司旗下的新能源汽车品牌，由长安深蓝更名而来。

基本信息	
外文名	Shenlan
创立时间	2022 年 4 月
创始单位	长安汽车
总部地点	中国重庆

▶▶ 品牌故事

2022 年 4 月 13 日，长安汽车新能源品牌长安深蓝正式发布。2022 年 4 月 21 日，长安汽车正式发布长安深蓝 C385（后更名为长安深蓝 SL03），共分为纯电、增程及氢电三种动力版本。2022 年 6 月 25 日，长安深蓝 SL03 在重庆车展开启预售。2022 年 7 月 25 日，长安深蓝 SL03 正式上市。2022 年 12 月，长安深蓝首款 SUV 车型通过工信部申报，定名为长安深蓝 S7。2023 年 3 月，长安深蓝更名为深蓝汽车。2023 年 4 月 18 日，深蓝汽车品牌首次亮相上海车展。

▶▶ 标志解析

深蓝的品牌标志呈倒三角形，由三部分组合而成，内部凌厉的线条构成了一个"Y"字形。这个标志被深蓝官方称为能量晶体，在造型设计和质感上极富科技感，象征着深蓝品牌主打智能、创新、面向未来的理念和主张。

代表车型

深蓝 SL03

深蓝 S7

4.5 广州汽车集团

传 祺

基本信息	
外文名	Trumpchi
创立时间	2010 年 12 月
创始单位	广汽集团
总部地点	中国广州

　　传祺是中国广州汽车集团股份有限公司（以下简称广汽集团）旗下广汽乘用车有限公司持有的汽车品牌，品牌口号为"一祺智行更美好"。

▶▶ 品牌故事

　　传祺是广汽集团为提升核心竞争力，实现可持续发展而打造的自主品牌。自 2010 年 12 月首款车型传祺 GA5 轿车成功推出市场后，传祺陆续推出了多款燃油车型和新能源车型，涵盖了 SUV、MPV、轿车的全矩阵车型，实现了传统动力汽车和新能源汽车的完整布局。同时，为适应自身高速发展的需求，传祺分别在广州、杭州、新疆、宜昌设立工厂，形成了覆盖珠三角、长三角、"长江经济带"和"一带一路"经济带的整体发展格局。此外，传祺还稳步推进国际化进程，完成了中东、东南亚、东欧、非洲、美洲五大板块二十余个国家的布局。

▶▶ 标志解析

　　传祺采用"G"字形品牌标志，它是广汽集团英文缩写"GAC"的首字母。该标志既是对"至精志广"的全新演绎，也代表着全球化（Global）、英才（Genius）、荣耀（Glory）、卓越（Greatness）和信诺（Guarantee）。

代表车型

传祺影豹

传祺 GA8

传祺 M8

埃 安

埃安是中国广汽集团旗下广汽埃安新能源汽车股份有限公司持有的新能源汽车品牌。

基本信息	
外文名	Aion
创立时间	2017 年 7 月
创始单位	广汽集团
总部地点	中国广州

》》 品牌故事

埃安的前身为 2017 年 7 月 28 日成立的广汽新能源汽车有限公司。在公司成立初期，并没有独立的生产线和品牌。首款纯电动车型为同月上市的传祺 GE3，而其生产工厂于同年 9 月正式开工建设。2018 年 11 月，广汽新能源正式推出埃安品牌。同年 12 月，广汽新能源智能生态工厂正式竣工。2020 年 11 月在广州车展期间，广汽集团宣布"广汽埃安"品牌独立运营，定位为高端电动汽车品牌。原广汽新能源旗下的传祺品牌新能源车型中，中低端车型以及混合动力车型，将转为传祺品牌。此外，广汽新能源汽车有限公司亦更名为广汽埃安新能源汽车股份有限公司。2021 年 8 月，广汽埃安宣布启动混合所有制改革。2022 年 9 月，广汽埃安宣布完成股份制改革，公司更名为广汽埃安新能源汽车股份有限公司。

》》 标志解析

埃安采用"AI 神箭"品牌标志，源于品牌英文名称"Aion"，是字母"A"与"I"的结合，形似一个向上的箭头，喻示埃安汽车可以伴随车主扶摇直上、平步青云、学业突飞猛进、事业一飞冲天。"AI 神箭"代表的是极致的科技，也是极致的浪漫，演绎的是"向上的 AI、向上的科技"。

▶▶ 代表车型

埃安 S

埃安 V Plus

埃安 LX

理 念

基本信息	
外文名	Everus
创立时间	2008 年 4 月
创始单位	广汽本田
总部地点	中国广州

理念是中国广汽集团与日本本田汽车公司的合资企业广汽本田汽车有限公司（以下简称广汽本田）旗下的汽车品牌。

品牌故事

2007 年 7 月 19 日，广汽本田成立广汽本田汽车研究开发有限公司，宣布自主品牌战略，开合资企业的先河。2008 年 4 月北京国际车展，广汽本田正式发布理念品牌，并发布了首款彰显时尚动感品牌的概念车。2008 年 11 月广州车展，广汽本田推出了理念品牌的第二款概念车（敞篷跑车）。2010 年 4 月北京国际车展，广汽本田推出了第三款概念车。2010 年 12 月广州车展，理念的首款量产车正式发布。广汽本田通过理念品牌的发展，建立并强化了公司的研发、制造及营销体制，并使得已有的制造及营销功能得以拓展，能够与研发进行联动，实现了由汽车制造工厂向完整汽车企业的转变。

标志解析

理念品牌的英文名称"Everus"由"Ever"和"us"两部分组成，表示"我们是永恒的，我们的永恒"的概念。与中文名称"理念"相匹配，可体现出"我们的理念，我梦永远"的含义。其品牌标志由两个背靠背的字母"E"形成螺旋上升运动的图形，体现了永恒和进化的概念。该标志具有"王"者风范，表现出理念汽车引领时代潮流的意志和决心。

代表车型

理念 S1

理念 VE-1

合 创

基本信息	
外文名	Hycan
创立时间	2018 年 4 月
创始单位	广汽新能源汽车有限公司、蔚来汽车有限公司
总部地点	中国广州

合创是由中国广汽集团、珠江投管集团共同投资的汽车品牌，专注于新能源汽车的研发、销售和服务。

品牌故事

合创汽车科技有限公司的前身为广汽新能源汽车有限公司（现广汽埃安新能源汽车股份有限公司）和蔚来汽车有限公司在 2018 年 4 月共同创立的广汽蔚来新能源汽车科技有限公司。2020 年 4 月，首款车型合创 007 正式上市。2021 年初，公司完成增资扩股，引入跨产业战略合作伙伴——珠江投管集团。同年 4 月，公司更名为合创汽车科技有限公司。2021 年 10 月，第二款车型合创 Z03 上市。2022 年 8 月，蔚来汽车有限公司退出该公司股东行列。2022 年 12 月，第三款车型合创 A06 上市。

标志解析

合创的品牌标志简洁大气，主体是由上下两条弧线相互连接交融而成，既代表着不同思维与模式的碰撞，又意味着强强联合，诠释了"合创"理念。合创汽车致力于建立一个开放、共享的平台，让大家联合起来，为用户开创一个新的世界。

代表车型

合创 007

合创 Z03

合创 A06

4.6 北京汽车集团

绅 宝

基本信息	
外文名	Senova
创立时间	2012 年
创始单位	北汽集团
总部地点	中国北京

　　绅宝是中国北京汽车集团有限公司（以下简称北汽集团）的全资子公司北京汽车股份有限公司（以下简称北京汽车）持有的自主品牌。

品牌故事

　　2009 年，北京汽车以 2 亿美元的价格成功收购了瑞典汽车制造商萨博的核心知识产权，一度改变了中国单纯以市场换技术的被动局面，实践了新的技术发展路线。2012 年，北京汽车于北京国际车展正式发布基于萨博技术打造的全新 M-trix 中高端轿车平台，宣告对萨博技术消化、吸收、创新的完成。随即，北京汽车依托 M-trix 平台推出了中高端轿车品牌——绅宝。这个品牌名称，既"传承有绪"，是对北京汽车收购萨博核心知识产权最好的说明；又是北京汽车秉承萨博对技术、对性能、对安全执着追求造车理念的最佳诠释。

标志解析

　　绅宝沿用了北京汽车的品牌标志，该标志将"北"字作为设计的出发点，"北"既象征了中国北京，又代表了北京汽车，体现出企业的地域属性与身份象征，也表达了北京汽车立足北京，放眼全球的远大目标。同时，"北"字形似一个欢呼雀跃的人形，表明了"以人为本"是北京汽车永远不变的核心。

代表车型

绅宝 X55

绅宝 X25

绅宝 D80

福 田

基本信息	
外文名	Foton
创立时间	1996 年 8 月
创始单位	北京汽车摩托车联合制造公司山东分公司、常柴集团有限公司、武进柴油机厂等
总部地点	中国北京

福田是中国北汽集团旗下北汽福田汽车股份有限公司（以下简称北汽福田）持有的汽车品牌，主要生产卡车、皮卡、公共汽车、SUV、MPV 等。

品牌故事

北汽福田的前身为始建于 1989 年的诸城市机动车辆制造厂，1996 年 1 月更名为北京汽车摩托车联合制造公司山东分公司。1996 年 8 月，北京汽车摩托车联合制造公司山东分公司、常柴集团有限公司、武进柴油机厂等多家单位共同发起设立北汽福田车辆股份有限公司。1998 年 3 月，公司增资扩股并由发起设立转为募集设立。1998 年 6 月，公司于上海证券交易所上市交易。2000 年 8 月，公司总部正式迁至北京昌平。2002 年 4 月，公司正式更名为北汽福田汽车股份有限公司。如今，北汽福田已成为一家跨地区、跨行业、跨所有制的国有控股上市公司，拥有整车、零部件、金融、汽车后市场四大业务。

标志解析

福田汽车的标志整体结构坚实有力，符合汽车行业的特定气质特征，同时象征福田汽车不断发展的良好前景。其主体图案是由钻石造型演变而来，表现企业在产品质量上追求完美。钻石图案给人以透明、纯净的印象，体现企业诚信的价值观。三条边代表福田汽车突破、超越、领先的竞争策略。

▶▶▶ 代表车型

福田 AUV

福田拓陆者

福田萨瓦纳

昌　河

昌河是中国北汽集团旗下江西昌
河汽车有限责任公司持有的汽车品
牌，主要生产乘用车、商用车、发
动机。

基本信息	
外文名	Changhe
创立时间	1969 年 11 月
创始单位	江西省国营昌河机械厂
总部地点	中国景德镇

》》 品牌故事

昌河汽车有限责任公司的前身为成立于1969年11月的国营昌河机械厂，
隶属于昌河飞机工业集团，后来昌河飞机工业集团被中国航空工业集团公司
收购。1982年12月，试制成功第一辆昌河牌微型车。之后，工厂经过多次改制，
于1999年11月成立江西昌河汽车股份有限公司。2009年11月10日，中
国兵器装备集团公司和中国航空工业集团公司对旗下的汽车业务兼并重组，
昌河汽车和哈飞汽车并入长安汽车集团。2013年10月，昌河汽车脱离中国
兵器装备集团公司，成为江西省全资省属企业。2013年11月，北汽集团正
式重组昌河汽车，由北汽集团持股70%，江西省政府持股30%。

》》 标志解析

昌河汽车的标志是由"昌河"汉字拼音的首位大写字母"C""H"组成，
其抽象的直升机造型组合也隐含着昌河汽车航空军工的历史渊源。蓝色蜂
窝状底纹代表昌河汽车一贯倡导的低碳节能理念，以及昌河汽车在智能、
互联汽车产品上的新思维。蓝色背景象征着昌河汽车对科技与创新的追求，
表明昌河汽车会与时俱进、不断创新，通过先进的科学技术为用户提供更
好的产品。昌河汽车的标志富有金属质感的轮廓线条代表着品质与未来，
寓意昌河汽车对至臻品质的坚持和推动中国汽车工业发展、造福百姓生活
的社会责任。

▌》》 代表车型

昌河 A6

昌河北斗星

极 狐

基本信息	
外文名	Arcfox
创立时间	2017 年
创始单位	北汽集团、小米集团
总部地点	中国北京

极狐是中国北汽集团旗下北京蓝谷极狐汽车科技有限公司持有的高端智能新能源汽车品牌。

▶▶▶ 品牌故事

2017 年，北汽集团和小米集团签署了战略合作协议，创立了极狐汽车品牌。同年 9 月，极狐与华为签署了战略合作协议，在技术研发、产品创新、智能化转型等方面开展全面合作。2018 年 11 月，极狐又与华为签署深化战略合作框架协议，双方将在智能化转型方面展开深入研究与合作。2019 年 1 月，极狐联合华为共同设立了"1873 戴维森创新实验室"，共同开发面向下一代的智能网联电动车技术。2019 年 4 月，极狐携旗下三款全新车型参加上海车展。

▶▶▶ 标志解析

极狐品牌的英文名称"Arcfox"由两部分构成。"Arc"代表了不可能之境，象征坚持自我、不畏挑战、敢于突破、追求品牌个性。"fox"意为"狐狸"，代表着智慧、优雅与灵敏，引申为懂得人性、具备智慧与创造力、富有审美的品牌特点。极狐的品牌标志整体来看就像北极狐的头部，图案中间的"V"形符号象征极狐对电能极限、凌厉速度以及胜利的追求，而"V"形符号两侧类似树叶的图案则代表绿色环保。

》》》 代表车型

极狐 Alpha-T

极狐 Alpha-S

4.7 吉利控股集团

吉 利

基本信息	
外文名	Geely
创立时间	1996 年
创始人	李书福
总部地点	中国杭州

吉利是中国浙江吉利控股集团旗下的汽车品牌，主要业务为制造及分销汽车及汽车零部件。

品牌故事

1986 年 11 月，李书福以冰箱配件为起点开始了吉利的创业历程。1989 年，进入装饰装修行业。1994 年 4 月，进入摩托车行业。1996 年 5 月，成立吉利集团有限公司，走上了规模化发展的道路。1997 年，进入汽车产业，成为中国第一家民营轿车企业。1998 年 8 月，第一辆吉利汽车在浙江省临海市下线。2001 年，吉利汽车进入国家汽车生产目录，取得了轿车生产许可证。2003 年 3 月，主营汽车产业发展的浙江吉利控股集团有限公司成立。2003 年 8 月，首批吉利轿车出口海外，吉利实现了轿车出口"零的突破"。2005 年 5 月，吉利在中国香港成功上市，在国际化道路上迈出了重要的一步。

标志解析

吉利汽车早期采用圆形标志，后来改为盾形标志，以给人稳重感、荣誉感、安全感和信赖感，蕴含着吉利自创始至今所承载的"安全呵护与稳健发展"的品牌特征。整个标志由 6 块宝石组成，蓝色宝石代表了蔚蓝的天空，黑色宝石寓意广阔的大地，双色宝石的组合象征吉利汽车驰骋天地之间，走遍世界的每个角落。此外，"6"在中国表示吉瑞之意，与"吉利"的品牌语词名称形成潜在的呼应。2020 年，吉利顺应时代潮流，推出了采用扁平化设计的新标志，变得更有科技感。

❱❱❱ 代表车型

吉利博瑞

吉利星越 ePro

吉利豪越

领 克

领克是由吉利控股集团和沃尔沃汽车公司合作打造的品牌，属于吉利控股集团的子品牌。

基本信息	
外文名	Lynk & Co
创立时间	2016 年 10 月
创始单位	吉利控股集团
总部地点	瑞典哥德堡

▶▶▶ 品牌故事

2013 年 2 月，吉利控股集团宣布设立吉利汽车欧洲研发中心和哥德堡造型中心，整合旗下沃尔沃汽车和吉利汽车的优势资源，打造新一代基础模块架构 CMA 及相关部件，以满足沃尔沃汽车和吉利汽车未来的市场需求，同年 9 月投入试运营。2016 年 10 月，吉利汽车集团首次展示了领克 01 概念车。2017 年 3 月，领克"都市对立美学"设计理念正式发布，首次在中国展示了品牌概念车。2017 年 4 月，领克品牌在中国正式发布。2017 年 8 月，吉利控股集团、吉利汽车集团与沃尔沃汽车签订合资协议，领克汽车成为三方合资品牌，合资公司正式成立。

▶▶▶ 标志解析

领克汽车的标志整体造型为矩形，线条十分简约，左半部分为黑色，右半部分为银灰色，颇具对称美，看起来就像是两只手紧紧相握，表明领克是吉利和沃尔沃共同成立的品牌。

▶▶▶ 代表车型

领克 01

领克 03

领克 09

ZEEKR

极氪是中国浙江吉利控股集团旗下的高端智能电动品牌。

基本信息	
外文名	Zeekr
创立时间	2021 年
创始单位	吉利控股集团
总部地点	中国杭州

▶▶ 品牌故事

浙江极氪智能科技有限公司于2021 年 3 月成立，2021 年 4 月发布极氪品牌及旗下首款产品——极氪001。极氪是一家智能化、数字化、数据驱动的智能出行科技公司，秉承用户型企业理念，聚焦智能电动出行前瞻技术的研发，构建科技生态圈与用户生态圈，以"共创极致体验的出行生活"为使命，从产品创新、用户体验创新到商业模式创新，致力于为用户带来极致的出行体验。2022 年11 月，第二款车型极氪 009 上市。2023 年 4 月，第三款车型极氪 X 上市。

▶▶ 标志解析

极氪的"极"代表公司对产品极致性能、用户极致体验的毫不妥协；"氪"是一种通电时发光的稀有气体，是智能时代的科技符号。极氪的英文名称"Zeekr"源于"Generation Z"（Z 世代）和"geek"（极客）。极氪品牌的标志和领克品牌的标志十分相似，两者的线条如出一辙，不同的是领克标志的线条内部是实心的，而极氪标志则是空心的，这是两个标志最明显的区别。

代表车型

极氪 001

极氪 009

极氪 X

4.8 长城汽车公司

长 城

基本信息	
外文名	Great Wall
创立时间	1984 年
创始人	魏德良
总部地点	中国保定

　　长城是中国长城汽车股份有限公司（以下简称长城汽车）旗下最早的品牌，现在主要生产皮卡车型。

▶▶ 品牌故事

　　1984 年，魏德良创立了长城汽车工业公司，当时的业务以改装汽车为主。1989 年，魏德良的兄弟魏德义创立了保定太行东伟汽车悬架有限公司。同年，魏德良因车祸去世，长城汽车工业公司被政府接管。次年，政府决定将企业承包出去，被魏德义之子魏建军接手。1993 年，因农用车市场利润微薄，魏建军决定制造轿车。1994 年，国家汽车产业政策出台，长城轿车被迫停产停售。之后，魏建军决定制造不受政策限制的皮卡。1996 年 3 月，第一辆长城迪尔皮卡下线。1997 年，第一批皮卡出口中东地区。1998 年，长城皮卡跃居中国皮卡市场销量第一。同年，公司改制为长城汽车有限责任公司。之后，长城汽车陆续涉足 SUV、轿车市场，并进入多品牌时代。

▶▶ 标志解析

　　长城品牌标志的整体造型为椭圆形，象征着长城汽车立足中国，走向世界。椭圆形内部的烽火台形象是中国传统文化象征；剑锋箭头，象征着充满活力，蒸蒸日上，敢于亮剑；无坚不摧的立体数字"1"，引申意义为快速反应，永争第一。

>>> **代表车型**

长城风骏 7

长城风骏 5

长城炮

哈 弗

哈弗是长城汽车旗下子品牌，与长城品牌并行运营，使用独立的标志，独立的产品研发、生产、服务等体系，主营 SUV 生产及销售业务。

基本信息	
外文名	Haval
创立时间	2005 年 3 月
创始单位	长城汽车
总部地点	中国保定

▶▶ 品牌故事

2005 年 3 月，长城汽车自主研发的"城市多功能车型"——哈弗 CUV 下线。同年 6 月，哈弗 CUV 全面上市，标志着哈弗系列的诞生。2009 年 4 月，哈弗 H3 正式上市，哈弗 H 系由此开始。2011 年 8 月，哈弗推出首款中高级城市 SUV——哈弗 H6，该车上市七年创造了单车型近 300 万辆的销售业绩。2013 年 11 月，哈弗 H8 在广州车展公布。同月，哈弗成为独立品牌。2014 年，哈弗首款高端越野 SUV——哈弗 H9 亮相北京车展。2017 年 7 月，哈弗系首款紧凑级 SUV——哈弗 M6 上市。2018 年 9 月，哈弗 F 系旗下第一款车型——哈弗 F5 上市。2022 年 8 月，哈弗发布新能源车型——哈弗 H-DOG。

▶▶ 标志解析

哈弗汽车以往的标志是以品牌英文名称"HAVAL"银色金属质感的字体设计为主，并采用红色矩形作为背景。红色给人热烈、奔放、激情的印象，同时也代表着中国品牌。2022 年，哈弗品牌推出的新标志依旧采用立体的金属质感字体设计，但取消了红色矩形背景，原本倾斜的字体被摆正，同时去掉了部分尖角设计，笔画也进行了简化，例如字母"A"去掉了中间的横杠。据官方释义，新标志的设计灵感源于中国传统的榫卯工艺。

▌ ▶▶ 代表车型

哈弗 H6 HEV

哈弗 H9

哈弗大狗

魏 牌

基本信息	
外文名	WEY
创立时间	2016 年 11 月
创始单位	长城汽车
总部地点	中国保定

　　魏牌是长城汽车旗下子品牌，以长城汽车创始人魏建军的姓氏命名，定位为中国豪华 SUV 品牌。

品牌故事

　　2016 年 11 月 16 日，长城汽车正式发布高端品牌——魏牌。2017 年 6 月 10 日，魏牌首家 4S 店在北京开业。2017 年的法兰克福车展上，魏牌 VV5 被德国《焦点》周刊评为"车展最成功的五大车型"之一。2017 年 12 月 17 日，魏牌汽车搭载的 7DCT 变速器获"世界十佳变速器"殊荣。2018 年 8 月 27 日，魏牌 VV6 上市，推动中国豪华 SUV 进入智能时代。2019 年 10 月 22 日，魏牌第 30 万辆整车在长城汽车徐水工厂正式下线。

标志解析

　　魏牌独特的竖型标志，源自长城汽车发源地、创始人魏建军（Jack Wey）的故乡——中国保定的标志性建筑"保定直隶总督府大旗杆"，寓意打造中国豪华 SUV 的标杆。标志底部有"WEY"和"POATING"（保定）字样。

代表车型

魏牌 VV7

魏牌 P8 GT

魏牌拿铁

欧 拉

基本信息	
外文名	Ora
创立时间	2018 年 8 月
创始单位	长城汽车
总部地点	中国保定

欧拉是长城汽车旗下新能源汽车品牌，定位为更爱女人的汽车品牌，致力于建立行业对待女性用户的正确价值观。

》》 品牌故事

在中国汽车企业中，长城汽车率先将新能源汽车业务作为品牌化管理的独立新能源品牌。2018 年 8 月 20 日，长城汽车正式发布欧拉品牌。其研发和设计团队来自德国、奥地利、美国、日本、韩国等国家。同时，欧拉拥有博世、奥托立夫等国际供应商。欧拉首款车型欧拉 iQ 于 2018 年 8 月在成都车展正式上市。2019 年 4 月，欧拉 R1（后更名为欧拉黑猫）在上海车展上亮相。2020 年，欧拉 R2（后更名为欧拉白猫）上市。2020 年 11 月，欧拉好猫上市。2022 年，欧拉芭蕾猫、欧拉闪电猫上市。

》》 标志解析

欧拉的品牌名称是为了纪念瑞士著名数学家莱昂哈德·欧拉。数学是人类科技创新的基础，也是汽车设计研发的核心与前提，取名"欧拉"，寓意长城汽车将继续一丝不苟，坚持造好车。品牌英文名称"ORA"是"Open"（开放）、"Reliable"（可靠）和"Alternative"（非传统）的组合。欧拉的品牌标志由感叹号衍生而来，寓意为致敬和问候，向欧拉先生致敬，向用户问候，向世界问候。欧拉希望给大家带来惊喜，同时代表着长城汽车为用户打造令人惊喜的产品的决心。

▶▶▶ 代表车型

欧拉好猫

欧拉芭蕾猫

欧拉闪电猫

坦　克

基本信息	
外文名	Tank
创立时间	2021 年 4 月
创始单位	长城汽车
总部地点	中国保定

坦克是长城汽车基于 SUV 品类创新，打造的高端豪华越野品牌。

▶▶ 品牌故事

坦克最初是魏牌旗下推出的一款车型，即坦克 300，该车定位为智能豪华越野 SUV，是一款兼顾越野与豪华舒适的产品。坦克 300 于 2020 年 12 月正式上市，共推出三款车型，分别为探索者、挑战者、征服者。2021 年 4 月，长城汽车正式将坦克升格为独立品牌，并换用了全新标志。同年 8 月，中大型豪华越野 SUV——坦克 500 在成都车展首秀。

▶▶ 标志解析

坦克的品牌标志由"T"和"U"两个字母组成。T 代表坦克（Tank）品牌、科技（Technology）和潮流（Trend）的定位，U 代表用户（You）和共创（United）。整个标志以字母"T"为主体，通过较强的金属感与立体感来突显坦克品牌的硬派越野风格，标志整体设计体块感强烈，方形为主的硬朗设计元素，棱角分明的切割面搭配对称式的方正设计，突显强壮的力量感，整体犹如一辆蓄势待发的坦克，以坚实而强大的力量守护着品牌用户，给人以所向披靡又刚中带柔的视觉冲击感。

▶▶▶ 代表车型

坦克 300

坦克 500

4.9 丰田汽车公司

 丰 田

基本信息	
外文名	Toyota
创立时间	1937 年 8 月
创始人	丰田佐吉 丰田喜一郎
总部地点	日本丰田

丰田是一家同时在东京证券交易所、名古屋证券交易所、纽约证券交易所和伦敦证券交易所上市的日本跨国汽车制造商。

》》 品牌故事

1926 年，丰田佐吉创立丰田自动织机制作所。1933 年 9 月，在丰田佐吉之子丰田喜一郎的提议下，公司组建了汽车部门。该部门通过活用在织机制作上的铸造、机械加工等技术，于 1935 年生产出其第一款乘用量产车——丰田 AA。1937 年 8 月 28 日，该部门独立为"丰田汽车工业株式会社"，得到了日本政府的支持。20 世纪 50 年代后期，丰田汽车开始进军美国市场，并推出了皇冠、卡罗拉等著名车型。这些车型的成功为丰田成为世界汽车巨头打下了坚实的基础。2019 年，丰田旗下汽车销量位列世界第二名，约 1074 万辆。2020 年，其销量位列世界第一名，达 952 万辆。

》》 标志解析

丰田的品牌标志由三个椭圆组成，大椭圆代表地球，表明丰田汽车公司想把自己的产品推向全世界。中间由两个较小的椭圆垂直组合成一个"T"字，代表丰田（Toyota）汽车公司。三个外形近似的椭圆巧妙地组合在一起，每个椭圆都是以两点为圆心绘制的曲线组成，象征丰田汽车公司与用户心连心，相互信赖。

▶▶▶ 代表车型

丰田卡罗拉（2023 年款）

丰田凯美瑞（2023 年款）

丰田兰德酷路泽（2023 年款）

雷克萨斯

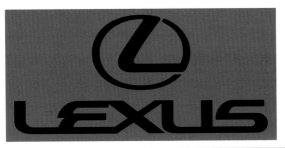

雷克萨斯是丰田汽车公司旗下的豪华汽车品牌，在全球市场均有销售。

基本信息	
外文名	Lexus
创立时间	1989 年 9 月
创始人	丰田英二
总部地点	日本名古屋

▶▶▶ 品牌故事

20 世纪 80 年代，由于丰田牛魔王跑车及丰田克雷西达的成功，时任丰田汽车公司会长的丰田英二在 1983 年召开了一个会议，提议进军豪华汽车市场。丰田汽车公司随之实行 "F1" 计划，目标是制造出一款能够使丰田生产线扩张的豪华轿车。丰田汽车公司最初锁定美国市场的高消费顾客作为主要销售对象。在 1986 年本田、日产相继成立豪华汽车部门后，丰田也加快了自己的步伐。1988 年，第一条附有雷克萨斯名字及标志的广告出现在芝加哥、洛杉矶和纽约的车展上。1989 年 9 月，雷克萨斯部门正式成立。到 1999 年，雷克萨斯汽车在美国的销量突破 100 万辆。

▶▶▶ 标志解析

雷克萨斯品牌标志的主体是其英文名称 "Lexus" 首字母 "L" 的大写，"L" 的外面用一个椭圆包围。椭圆代表着地球，表示雷克萨斯汽车遍布全球。据说椭圆弧度是丰田汽车公司运用精确的数学公式计算而来。

代表车型

雷克萨斯 LFA（2010 年款）

雷克萨斯 LS（2021 年款）

雷克萨斯 ES（2022 年款）

日 野

基本信息	
外文名	Hino
创立时间	1942 年 5 月
创始人	德久恒范
总部地点	日本日野

　　日野是日本一家商用车制造商，主要生产柴油货车、公共汽车及其他商用车辆，在日本的中重型柴油卡车制造领域中占据着领导地位。

▶▶ 品牌故事

　　1910 年，东京瓦斯工业公司成立。1913 年，公司改称东京瓦斯电力工业公司。1918 年，东京瓦斯电力工业公司生产出第一辆汽车——TGE-A 卡车。1937 年，东京瓦斯电力工业公司将其汽车制造部门与汽车工业股份有限公司和共同国产汽车股份有限公司合并成立了东京汽车工业股份有限公司。1941 年，公司改名为柴油汽车工业股份有限公司，并最终变成了现在的五十铃汽车股份有限公司。1942 年，新的实体日野重工股份有限公司从柴油汽车工业股份有限公司中分离出来，日野的名称就此诞生。二战以后，公司停止生产船用大型柴油发动机，并根据条约去掉了公司名称中的"重工"。从此公司以日野工业股份有限公司的名称专心制造重型拖挂卡车和柴油发动机。1948 年，公司又改名为日野柴油工业股份有限公司，最初以生产私家车为主，1967 年，被丰田汽车公司收购后，以生产货车、公共汽车为主。

▶▶ 标志解析

　　日野汽车的标志是左右两个圆弧由一个横杠连接，像是一个艺术化的字母"H"，而"H"是日野品牌英文名称的首字母。整个标志的造型简洁大气，寓意着日野汽车的专业性、稳健性和创新性。

≫≫≫ 代表车型

日野 Profia

日野 500

斯巴鲁

基本信息	
外文名	Subaru
创立时间	1953 年 7 月
创始人	中岛知久平、中岛喜代一、中岛乙未平
总部地点	日本惠比寿

斯巴鲁是日本斯巴鲁公司旗下的汽车品牌，其产品以水平对置发动机、全时四轮传动、车体安全性为主要特色。

▶▶▶ 品牌故事

1917 年 12 月，中岛知久平及其兄弟中岛喜代一、中岛乙未平共同创立了"飞机研究所"，成为日本第二家民营飞机制造商。1919 年飞机研究所易名为中岛飞机制作所，在二战中生产了大量军用飞机。日本战败投降后，1945 年 8 月中岛飞机制作所易名为斯巴鲁产业株式会社，同年 12 月被下令解散，共拆分成 12 家公司。1953 年 7 月 15 日，斯巴鲁工业、斯巴鲁汽车工业、东京斯巴鲁产业、大宫斯巴鲁工业、宇都宫车辆五家公司合并为以制造飞机为事业目标的富士重工业株式会社。后来，公司开始涉足汽车行业，1958 年推出轻型车斯巴鲁 360，低廉的售价使其大受欢迎。21 世纪以来，丰田汽车公司持有斯巴鲁大量股份。2017 年 4 月，为了强调公司对汽车产业的重视，公司更名为斯巴鲁公司。

▶▶▶ 标志解析

在日语中，"スバル"（斯巴鲁）是"昴"字的训读，其企业标志是昴宿星团的六连星（昴宿为按照中国古代的星座划分方法划分的星座名称），该标志也是斯巴鲁汽车的标志。斯巴鲁的标志代表着五个独立的公司一起组成了现今的斯巴鲁。

▶▶▶ **代表车型**

斯巴鲁 Rex

斯巴鲁 Brz

斯巴鲁力狮

大 发

基本信息	
外文名	Daihatsu
创立时间	1907 年 3 月
创始人	奥平宗一郎
总部地点	日本池田

大发是丰田汽车公司旗下专门生产轻型汽车的机构，在发动机、车辆安全及环境保护等方面都拥有先进的技术。

▶▶ 品牌故事

1907 年，发动机制造株式会社成立。1930 年，发动机制造株式会社开始在日本销售三轮汽车。二战时期，发动机制造株式会社主要生产登陆舰。1951 年 3 月，发动机制造株式会社改名为大发工业株式会社。1967 年，丰田汽车公司收购大发工业株式会社部分股份。2016 年 1 月 31 日，丰田汽车公司斥资 32 亿美元收购大发工业株式会社剩余 48.8% 的股份，将其变为全资子公司。同年 7 月 27 日，大发工业株式会社在东京证交所退市。

▶▶ 标志解析

大发汽车的标志是由椭圆形背景和艺术化字母"D"组合而成，其中"D"是大发品牌英文名称"Daihatsu"的首字母，象征着大发汽车公司永葆青春活力。

代表车型

大发 MOVE

大发 Terios

大发 Tanto

发源于日本的汽车漂移文化

　　汽车漂移文化的发源地在日本，时间可以追溯到20世纪70年代，当时的日本街头充斥着各种"暴走"一族，都以大马力后驱车为主，进行非法飙车。为了寻求刺激，飙车族开始在夜间的山路中竞赛。他们中间有位名叫高桥国光的人发现，当后轮在弯道中出现打滑，同时控制得好的话就会获得更快的出弯速度。之后，高桥国光将这项技术运用在正式比赛中，并取得了几十次的冠军头衔，使之成为一代名宿。后来，他把这种技巧称为"漂移"，他也随之成为"漂移之父"。

　　说到漂移，还有一个人不得不提，那就是有着"漂移之王"称号的土屋圭市。如果说高桥国光在无意中发现了漂移技巧，那么土屋圭市则把这项技巧发扬光大。其实，土屋圭市最初也是飙车族中的一员，家境并不富裕的他经常开着丰田AE86在山路中练习。1985年，土屋圭市获得了日本房车锦标赛Class 3组别的年度冠军。此后，杂志、电视台开始与土屋圭市合作，而土屋圭市精湛的漂移技巧赢得了无数车手和车迷的追捧。

　　跟着土屋圭市一起出名的还有他的座驾丰田AE86，这款丰田轿车以小巧、后驱、易于驾驶著称，在土屋圭市手中更是成为制造华丽过弯的终极"武器"。他在自传中表示："丰田AE86这款车不仅能训练车手，更能体现出车手的技术。"

丰田 AE86

　　20 世纪 80 年代至 90 年代正是日本高性能运动型轿车蓬勃发展的时期，这个时代不仅出现了诸多经典车型，更是把漂移运动推向了发展的高峰。漂移赛事首次进入正规的赛车场，与此同时一大批热爱这项运动的车手也相继加入。

　　1995 年漫画《头文字 D》开始在杂志上连载，很多人认为土屋圭市就是藤原拓海的原型人物。这部漫画中丰田 AE86、日产 GTR、三菱 EVO、日产 S15、斯巴鲁 STI 等车型均悉数亮相，而藤原拓海、高桥凉介、须藤京一等人物都给车迷留下了深刻印象。事实上，《头文字 D》影响了一代车手，特别是年轻车手把漫画里的人物当成自己的偶像，激励自己成为一名优秀的漂移车手。

　　在杂志、漫画、电视以及路演的推动下，漂移运动已经风靡全日本。2001 年 D1 GP 赛事开始正式创办，可以说这是世界上第一个汽车漂移系列赛事。参加赛事的车队基本都是日本各地的知名改装厂，车手分为职业车手和业余车手。随着赛事的壮大，业余车手都转为职业车手。

三菱 EVO

　　之后，D1GP 开始在全世界推广。美国也出现了类似 D1 GP 的 Formula D 赛事，比赛的门槛更低，职业车手和业余车手都可以同场竞技。

D1 GP 赛事中正在漂移的赛车

4.10 本田汽车公司

 本　田

基本信息	
外文名	Honda
创立时间	1948 年 9 月
创始人	本田宗一郎
总部地点	日本东京

　　本田是一家同时在东京证券交易所和纽约证券交易所上市的跨国汽车制造商，全称为"本田技研工业株式会社"。

▶▶ 品牌故事

　　1946 年，本田宗一郎在日本滨松创立了本田技术研究所，开始生产一种带辅助动力的自行车。这种自行车与普通自行车不同，它配备了本田的二冲程发动机。1948 年 9 月，本田宗一郎创立了本田技研工业株式会社，开始生产摩托车。随着公司的不断发展，本田逐渐扩大了业务范围，开始涉足汽车制造领域。1963 年，本田推出了第一款汽车——本田 T360。此后，本田不断推出各种车型，并在全球范围内取得了成功。在 21 世纪初期，本田汽车继续致力于技术创新和可持续发展，并推出了一系列环保和智能化的车型。除了汽车制造业，本田还涉足了其他领域，如发动机制造、航空业、机器人技术等。这些业务的发展使得本田成为一家多元化的企业。

▶▶ 标志解析

　　历史上本田汽车的标志只改变了寥寥几次，并一直忠于大写字母"H"，每次更换标志都是围绕着"H"的形状做一些改变。"H"是"本田"日文拼音"Honda"的首字母。20 世纪 60 年代初，"H"标志首次在本田

S500 跑车上使用。1969 年，本田汽车公司为突出鹰的形象，使用了纵长的 "H" 标志。1980 年，为了体现本田汽车公司的年轻、技术先进和设计新颖的特点，决定使用形似三弦音箱的 "H" 标志，该标志把技术创新、团结向上、经营有力、紧张感和轻松感体现得淋漓尽致。

1961－1969

1969－1981

1981－2000

2000－PRESENT

本田品牌标志演变历程

》》》 代表车型

本田思域 (2023 年款)

本田雅阁 (2023 年款)

讴 歌

基本信息	
外文名	Acura
创立时间	1986 年 3 月
创始单位	本田汽车公司
总部地点	美国托伦斯

讴歌是日本本田汽车公司旗下的豪华汽车品牌，也是日本企业在海外创立的第一个豪华汽车品牌。

品牌故事

20 世纪 80 年代早期，随着石油危机的远去及经济复苏的到来，美国汽车市场对于豪华车型的需求量激增。1986 年 3 月，本田汽车公司率先在美国创立了豪华汽车品牌——讴歌。仅仅一年多的时间，讴歌便成为全美进口豪华车的销售冠军，从而迫使丰田和日产两大日本汽车制造商也相继成立自己的豪华汽车部门雷克萨斯和英菲尼迪。从 20 世纪 80 年代到 90 年代，讴歌汽车的销量持续攀升，在 J.D.Power 的顾客满意度调查中，讴歌一直名列前茅。讴歌不仅对豪华汽车进行了重新诠释，而且还改变了豪华汽车的市场，使其从少数品牌缓慢演变发展到众多品牌的激烈竞争。

标志解析

讴歌品牌的英文名称"Acura"源于拉丁语"Accuracy"（精确），其图形标志的主体是一个用于工程测量的卡尺形象，同时也像一个艺术化的字母"A"。这个标志象征着讴歌精湛的造车工艺与追求完美的理念。

▶▶▶ 代表车型

讴歌 RLX（2020 年款）

讴歌 NSX（2022 年款）

讴歌 MDX（2022 年款）

风靡大半个世纪的日本 K-Car

在日本有这样一类和别的国家截然不同，却又在本国占有巨大市场的车型，这就是 K-car，也称轻自动车。2021 年，K-car 在日本的销量为 165 万辆，占当年日本汽车总销量的 37.15%，销量排名前十的车型中，有五款都是 K-car，其中销量最高的 K-car——本田 N-BOX 的销量在所有车型中排名第二。

本田 N-BOX

K-car 诞生于日本资源匮乏时期，其目标就是用尽可能少的资源办尽可能多的事情。因此，K-car 有着严格限制的小尺寸，长宽高分别不超过3400 毫米、1480 毫米、2000 毫米；还有不超过 0.66 升的小排量。值得一提的是，后期 K-car 还搭载了混动系统，能进一步省油。另外，还有座位不超过 4 个、载重量不超过 350 千克等规定。总而言之，不仅是造车的材料很省，后期用车的成本也要省。

为什么日本会盛行独特的 K-car 文化呢？其实从历史原因上来看，这种汽车的诞生也是迫不得已。二战结束之后，日本政府为了促进本国经济的发展，大力发展运输业，而运输业的基础就是运输工具。当时，日本富士汽车株式会社的百赖晋六设计了一款排量非常小的汽车——斯巴鲁

360。斯巴鲁 360 是日本 K-car 的鼻祖，它能满足 4 个人的乘车需求，具有耐用、省油、爬坡能力强等优点，其售价较低，后续使用费用也很低。随着这种车的普及，K-car 也成为日本汽车市场上的独特文化。

斯巴鲁 360

　　K-car 在日本广泛流行，是日本消费者权衡利弊后的必然结果。日本民众想要购买汽车，一个硬性要求就是必须拥有一个车位，而日本车位的价格并不低，尤其是东京、大阪等繁华城市。这样一来 K-car 的优势就非常明显了，因为这种汽车不需要有车位就可以上牌，而且政府对购买这种车的家庭还有补贴。对于大多数日本民众来说，这种汽车是最经济实惠的。

　　K-car 的空间利用率非常高，这种汽车一般采用对向车门设计，而且底盘的位置非常低，整体采用平整化设计，前后排的座椅都可以随意移动、放倒。

日产 ROOX

4.11 日产汽车公司

 日 产

基本信息	
外文名	Nissan
创立时间	1933 年 12 月
创始人	鲇川义介
总部地点	日本横滨

日产是源自日本的跨国汽车制造商，是日本历史上第一家专门制造汽车的企业。

品牌故事

1911 年，日产前身之一快进社汽车工厂成立于日本东京，三年后推出第一辆汽车 DAT。1925 年，工厂改组为 DAT 汽车商会合资公司。1926 年，DAT 汽车商会合资公司与位于大阪的实用汽车制造公司合并，更名为 DAT 汽车制造公司。1932 年，自石川岛造船所独立出来的石川岛汽车公司与 DAT 汽车制造公司合并成汽车工业公司。1933 年 12 月，户畑铸物公司社长鲇川义介收购了汽车工业公司，并成立汽车制造公司，次年改称日产汽车公司。1999 年 3 月，雷诺收购了日产 36.8% 的股权，正式成立雷诺 - 日产联盟。日产于 2016 年成为三菱汽车最大的股东，组织亦更名为雷诺 - 日产 - 三菱联盟。

标志解析

"日产"这个名称来自股东"日本产业"的简称。"Nissan"为日文汉字"日产"二字的罗马音拼写形式。日产汽车的标志整体造型为圆形，代表太阳。标志中间是"Nissan"字样，代表日产汽车公司。整个标志表达的意思是"以人和汽车明天为目标"。

▌❭❭ 代表车型

日产天籁

日产 GTR

日产奇骏

英菲尼迪

英菲尼迪是日产汽车公司的豪华汽车品牌，与讴歌、雷克萨斯并列为日本三大豪华汽车品牌。

基本信息	
外文名	Infiniti
创立时间	1989 年 11 月
创始单位	日产汽车公司
总部地点	日本横滨

▶▶▶ 品牌故事

1985 年 11 月，日产汽车公司成立"地平线工作组"，研究北美豪华汽车市场机遇。1987 年 7 月，选择"Infiniti"（英菲尼迪）作为新部门的名称。1989 年 11 月，英菲尼迪部门正式成立，并在北美开设了 51 家经销店。凭借独特前卫的设计、出色的产品性能和客户体验至上的服务，英菲尼迪迅速成为全球豪华汽车市场中的重要品牌。1994 年 11 月，英菲尼迪庆祝品牌创立 5 周年，其产品累计销量突破 20 万辆。发展至今，英菲尼迪已拥有轿车、跑车、SUV、越野车等多种车型。

▶▶▶ 标志解析

英菲尼迪的英文名称"Infiniti"意为"无限"，其椭圆形标志表现的是一条无限延伸的道路。椭圆曲线代表无限扩张之意，也象征着"全世界"；两条直线代表通往巅峰的道路，象征无尽的发展。英菲尼迪的标志和名称象征着英菲尼迪人的一种永无止境的追求，那就是创造具有全球竞争力的真正的豪华汽车用户体验和最高的客户满意度。

▶ 代表车型

英菲尼迪 Q70(2019 年款)

英菲尼迪 QX60(2022 年款)

英菲尼迪 QX80(2022 年款)

达特桑

达特桑是日本日产汽车公司在紧凑型乘用车、卡车等产品使用的品牌。

基本信息	
外文名	Datsun
创立时间	1931 年
创始人	桥本增治郎
总部地点	日本东京

品牌故事

1911 年 7 月，时年 37 岁的汽车工程师桥本增治郎创立了快进社汽车工厂。1914 年，该公司在上野举行的东京大正博览会展出第一款汽车 DAT，获得铜牌奖。"DAT"这个名字源于公司三位合伙人田健治郎（D）、青山禄郎（A）、竹内明太郎（T）姓名的罗马拼音首字母。1931 年，DAT 汽车制造公司（由快进社汽车工厂演变而来）推出了小型车 Datson（意为"DAT 之子"），但日语中"Son"的发音同"损"，不甚吉利，故翌年改成"Datsun"（达特桑）。当公司改组为日产汽车公司后，达特桑品牌主要使用在亚洲和拉丁美洲的外销市场。1986 年，达特桑品牌被停用。直到 2013 年，眼见印度、印度尼西亚等国的消费者对平价汽车的需求与日俱增，日产汽车公司宣布重新启用达特桑品牌。

标志解析

达特桑汽车早期的标志是吉崎良造、田中常三郎参考美国雪佛兰汽车的标志设计的，以红色太阳为底，中间蓝色横条里是白色的"DATSUN"字样。达特桑品牌重启后，将标志改为银色扁六角形嵌入蓝色之底，中间蓝色横条里仍然是白色的"DATSUN"字样。

▶▶▶ 代表车型

达特桑 GO

达特桑 on-DO

三 菱

三菱是源自日本的跨国汽车制造商，主要生产乘用车及轻型商用车。

基本信息	
外文名	Mitsubishi
创立时间	1970 年 4 月
创始单位	三菱重工业有限公司
总部地点	日本东京

▶▶ 品牌故事

早在 1917 年，三菱重工业有限公司的前身三菱造船就推出了日本第一款量产型汽车——三菱 A 型车，开始其汽车生产事业。1934 年，三菱造船与三菱航空机合并为三菱重工业有限公司。1950 年，三菱重工业有限公司被分割成西日本重工业有限公司、中日本重工业有限公司和东日本重工业有限公司，汽车生产事业部归入中日本重工业有限公司。1964 年，这三家被分割的公司再度合并为新的三菱重工业有限公司。1970 年 4 月，三菱汽车生产事业部从三菱重工业有限公司脱离，正式成立三菱汽车工业有限公司。2016 年 10 月，日产购入三菱汽车 34% 的股权，自此三菱汽车工业有限公司成为雷诺 - 日产联盟成员，但三菱集团仍然拥有三菱汽车 20% 的股权。

▶▶ 标志解析

三菱的标志是岩崎家族的家族标志"三段菱"和土佐藩主山内家族的家族标志"三叶柏"的结合，后来逐渐演变成今天的三菱标志，即由三个菱形组成的等边三角形图案。它采用简单的几何设计方法，强调视觉效果和图案的可识别性，体现了三菱汽车追求卓越和品质的精神。

代表车型

三菱帕杰罗

三菱欧蓝德

三菱戈蓝

4.12 现代汽车集团

 现 代

基本信息	
外文名	Hyundai
创立时间	1967 年 12 月
创始人	郑周永
总部地点	韩国首尔

现代是源自韩国的跨国汽车制造商，也是韩国最大的汽车制造商，母公司为现代汽车集团。

品牌故事

1967 年 12 月，郑周永在蔚山创立现代汽车公司。次年 2 月，现代汽车公司与福特汽车英国子公司签署技术协议，以"全散装料"（CKD）方式组装福特科尔蒂中大型轿车。现代汽车公司通过 CKD 生产，积累了汽车生产技术。20 世纪 70 年代，在政府政策的鼓舞下，现代汽车公司决定通过引进技术用来自主发展国产化轿车，并得到了母公司现代集团的财力与金属加工技术支持。1974 年，现代自主研发的第一款车型在第 55 届都灵车展亮相。20 世纪 80 年代，现代已经开始垄断韩国汽车市场。20 世纪 90 年代，通过收购起亚汽车公司，现代汽车公司达到了在世界汽车市场竞争所需要的经济规模。2023 年年初，现代和起亚品牌合计销量首次排名世界第三。

标志解析

现代汽车的标志是椭圆内有斜字母"H"。椭圆既代表汽车方向盘，又可看作地球，两者结合寓意了现代汽车遍布世界。"H"是现代品牌英文名称"Hyundai"的首字母，同时又是两个人握手的形象化艺术表现，代表现代汽车公司与客户之间互相信任与支持。

代表车型

现代领动

现代索纳塔

现代途胜

起 亚

起亚是韩国现代汽车集团的子公司，为韩国第二大汽车制造商。

基本信息	
外文名	Kia
创立时间	1944 年 12 月
创始人	朴忠宇
总部地点	韩国首尔

❯❯ 品牌故事

起亚成立于 1944 年 12 月，最初称为"京城精密工业公司"，主要制造钢管和自行车零配件。1952 年，京城精密工业公司生产了韩国第一辆国产自行车，公司便更名为起亚工业公司，"起亚"二字寓意"起于亚洲"或"亚洲崛起"。1957 年，公司开始生产摩托车。1961 年，起亚生产了韩国第一辆自主品牌摩托车。1962 年，起亚开始生产卡车。1973 年，起亚自主研发的韩国第一台汽油发动机问世，并于 1974 年 10 月生产出了韩国第一辆乘用车。1979 年，起亚获得标致 604 与菲亚特 132 的生产权，这为起亚积累了大量的造车经验。1986 年，起亚开始进入海外市场。1990 年 3 月，起亚工业公司改名为起亚汽车公司。2000 年，起亚被现代汽车集团收购。2021 年，公司名称从"起亚汽车"改名为"起亚"，致力于突破传统汽车制造商的定位，转型成为移动出行服务商。

❯❯ 标志解析

起亚于 2021 年启用的新标志与以往的标志一样是由品牌的英文名称"Kia"经艺术化设计而来，但是整体的造型更加简洁和现代化。据称，新标志设计采用了平衡（Symmetry）、节奏（Rhythm）和上升（Rising）三种设计理念。"平衡"意味着提出新的消费者体验的自信，"节奏"意味着不断移动和变化的姿态，"上升"意味着跃升为新品牌的热情。

》》》 代表车型

起亚 K5

起亚 EV6

起亚 KX3

捷尼赛思

捷尼赛思是韩国现代汽车集团的子公司，以生产和销售豪华汽车为主。

基本信息	
外文名	Genesis
创立时间	2015 年 11 月
创始单位	现代汽车公司
总部地点	韩国首尔

品牌故事

2015 年 11 月，捷尼赛思作为以全球市场为布局的独立豪华品牌而诞生。同年 12 月，捷尼赛思推出大型豪华轿车捷尼赛思 G90。2016 年 7 月，捷尼赛思推出中大型豪华轿车捷尼赛思 G80。2017 年 9 月，中型豪华轿车捷尼赛思 G70 问世。2018 年 1 月，在韩国首尔江南区开设首个捷尼赛思独立展厅。2020 年 1 月，捷尼赛思推出品牌首款豪华 SUV——捷尼赛思 GV80。2021 年 4 月 8 日，中国首个捷尼赛思之家正式落户上海。2022 年 5 月，捷尼赛思汽车累计销量突破 70 万辆。2023 年 3 月，基于纯电平台 E-GMP 打造的首款车型捷尼赛思 GV60 正式上市。

标志解析

捷尼赛思的标志是由一对翅膀和六边形盾牌组成的，盾牌内部镶嵌着品牌的英文名称"GENESIS"，意为"创世纪"。捷尼赛思采用与宾利、阿斯顿·马丁等品牌相似的"飞翼"标志，意在突显品牌的豪华感。

代表车型

捷尼赛思 G80

捷尼赛思 G90

捷尼赛思 GV80

4.13 亚洲其他品牌

 比亚迪

基本信息	
外文名	BYD
创立时间	1995 年
创始人	王传福
总部地点	中国深圳

比亚迪是一家同时在中国香港和深圳两地上市的民营公司，业务横跨汽车、轨道交通、新能源和电子四大产业。

品牌故事

1995 年 2 月，王传福在深圳龙岗创立比亚迪实业有限公司，起初以生产镍镉电池、镍氢电池为主。1996 年，比亚迪正式进入锂电池行业。2002 年，比亚迪进行股份制改组，并于 7 月在中国香港联合交易所主板上市，年底进入电子代工行业。2003 年，比亚迪正式进入汽车行业。2004 年，比亚迪展出了其第一辆电动汽车。2005 年 9 月，第一款自主品牌轿车比亚迪 F3 上市。其后又研制出首款纯电动出租车比亚迪 e6、首款纯电动大巴车比亚迪 K9。2011 年 6 月，比亚迪在深圳证券交易所上市。2016 年 10 月，比亚迪进军城市轨道交通行业。在汽车领域，凭借技术研发和创新实力，比亚迪已经掌握电池、电机、电控等新能源车的核心技术。

标志解析

比亚迪汽车最初采用蓝白相间的椭圆形标志，2007 年更换的新标志是由字母"B""Y""D"和椭圆形轮廓组合而成，"BYD"不仅是比亚迪的汉语拼音首字母，也是比亚迪品牌信条"Build Your Dreams"（成就梦想）的缩写。2016 年开始，比亚迪陆续推出了旗下新能源家族王朝系列车型（秦、唐、宋、元、汉）并采用专用标志代替了主标志，专用标志选取车型名称的篆体字进行设计，不但辨识度很高，也充分展示了对民族文化的自信心。2021 年，比亚迪发布了新版的"BYD"字母标志，但仅应用在国内乘用车市场。

》》》 代表车型

比亚迪汉 EV

比亚迪海豹

比亚迪护卫舰 07

奇 瑞

奇瑞是一家从事汽车生产的中国国有控股企业，其产品覆盖乘用车、商用车、微型车等领域。

基本信息	
外文名	Chery
创立时间	1997 年 1 月
创始单位	芜湖市政府
总部地点	中国芜湖

▶▶▶ 品牌故事

奇瑞汽车有限公司起源于安徽省芜湖市政府的汽车项目，注册于 1997 年 1 月 8 日。第一辆奇瑞轿车于 1999 年 12 月 18 日下线。2007 年 8 月 22 日，第 100 万辆奇瑞汽车下线，标志着奇瑞已经实现了通过自主创新打造自主品牌的第一阶段目标，正朝着通过开放创新打造自主国际品牌的新目标迈进。2013 年 4 月，奇瑞发布了全新标志以及全新品牌战略，这标志着奇瑞明确了着力打造一个品牌的发展战略。如今，奇瑞已成为一家集汽车整车、动力总成和关键零部件的研发、试制、生产和销售为一体的自主品牌汽车制造企业。

▶▶▶ 标志解析

奇瑞汽车的标志是一个由字母"C""A""C"组成的椭圆形图案，"CAC"是"Chery Automobile Company"（奇瑞汽车公司）的缩写，中间镶有钻石状立体三角形，主色调银色代表着质感、科技和未来。中间的钻石形构图，代表了奇瑞汽车对品质的苛求，并以打造钻石般的品质为企业坚持的目标。蓬勃向上的"人"字形支撑，则代表了奇瑞汽车执着创新、积极乐观、乐于分享的向上能量，支着起品质、技术、国际化的奇瑞汽车不断前行，同时"人"字形代表字母"A"，喻示着奇瑞汽车追求卓越和领先的决心和激情。

>>> **代表车型**

奇瑞瑞虎 8

奇瑞艾瑞泽 GX

奇瑞 QQ 冰淇淋

中 华

中华是中国华晨汽车集团控股有限公司（以下简称华晨集团）旗下的汽车品牌，主要生产轿车、SUV。

基本信息	
外文名	Zhonghua
创立时间	2000 年
创始单位	华晨集团
总部地点	中国沈阳

▶▶ 品牌故事

华晨集团早在 1997 年就开始为生产中华轿车作积极准备了，首批中华轿车于 2000 年 12 月在沈阳下线。2002 年 8 月，中华轿车上市销售。2003 年 1 月 9 日，第 1 万辆中华轿车下线。2004 年 12 月，中华尊驰上市。2006 年 3 月，中华骏捷上市。2007 年 9 月，中华酷宝上市。2010 年 7 月 8 日，第 50 万辆中华汽车下线。2011 年 8 月，中华 H530 上市。2011 年 11 月，中华 V5 上市。2013 年 4 月，中华 H330 上市。2013 年 11 月，中华 H220 上市。2015 年 5 月，中华 V3 上市。2018 年 6 月，中华 V7 上市。

▶▶ 标志解析

中华汽车采用椭圆形标志，整体造型圆润，具有浓厚的中国特色，识别度较高。椭圆内部是一个小篆字体的"中"字，很像一个奖杯，象征着中华汽车的高品质和华晨人的拼搏精神。

代表车型

中华 H230

中华 H530

中华 V6

江 淮

江淮是中国安徽江淮汽车集团股份有限公司（以下简称江汽集团）旗下的汽车品牌，主要生产载货汽车、多功能商用车、MPV、SUV、轿车，同时也生产专用底盘、汽车变速箱、发动机等零部件产品。

基本信息	
外文名	JAC
创立时间	1964 年
创始单位	合肥市政府
总部地点	中国合肥

品牌故事

江汽集团的前身是创立于 1964 年的合肥江淮汽车制造厂。1968 年，该厂第一辆载货汽车下线，成为安徽省生产的第一辆汽车。1990 年，该厂生产出中国第一台真正意义上的客车底盘。1995 年，其客车底盘销量居全国第一。2001 年，江淮汽车厂改为股份制，在上海证券交易所上市。2002 年，江淮汽车引进韩国现代汽车技术，其第一辆乘用车——江淮瑞风 MPV 正式下线。2003 年 10 月 28 日，江淮汽车首辆重卡车下线，标志着江淮已形成全系列商用车产品线。2008 年 1 月 17 日，江淮首款轿车——宾悦正式下线，由此江淮正式跨入轿车生产领域。2010 年 12 月 17 日，江淮第 200 万辆整车下线。

标志解析

早先江淮的乘用车和部分商用车使用五角星标志，后来乘用车和商用车全部使用"JAC"标志，其中黑色背景的椭圆形标志用在乘用车上。椭圆形象征着地球，寓意着江淮汽车整合资源、造世界车的目标。盾牌式的整体造型，寓意着江淮汽车自强不息的精神。金属质感的外框设计，则寓意着江淮汽车将精益求精的精神灌注于钢与铁、光与热。JAC 的字样犹如人的面孔，寓意着江淮汽车的人文关怀。

▶❯❯ 代表车型

江淮瑞风 S4

江淮帅铃 T6

江淮 iEVS4

力 帆

力帆是一家在上海证券交易所上市的民营企业，旗下与汽车相关的业务主要有轿车、客车、货车、摩托车、汽车电池、汽车发动机等。

基本信息	
外文名	Lifan
创立时间	1992 年
创始人	尹明善
总部地点	中国重庆

▶▶ 品牌故事

1986 年，47 岁的尹明善开始创业，三年后即成为重庆最大的民营书商，赚到第一桶金后就进入摩托车制造业。1992 年，他投资 20 万元人民币成立力帆集团，靠制造摩托车打开局面，逐渐发展为一家大型民营企业。21 世纪初，力帆集团开始涉足汽车行业。2005 年，力帆推出了自己的汽车品牌，并开始生产轿车和 SUV 等乘用车型。在此后的几年里，力帆汽车的产品线不断扩大。2010 年 11 月，力帆股份在上海证券交易所挂牌交易。然而，随着时间的推移，力帆也遭遇了不少困难。2018 年，公司因财务问题被列入债务人名单，随后被重整。2020 年 11 月，力帆发布的重整计划显示，吉利控股集团入股力帆，为力帆汽车画上了圆满的句号。力帆将只保留摩托车板块，其他将会由吉利全面接管。

▶▶ 标志解析

力帆汽车采用椭圆形标志，椭圆内部的主体图案是三个大写字母"L"（力帆汉语拼音的首字母），营造出千帆竞发的感觉，其含义是向往自由、一帆风顺、积极进取、团结平等，椭圆则显示了力帆汽车走向全球的雄心壮志。

》》 **代表车型**

力帆 630

力帆 620

力帆丰顺

海 马

海马汽车股份有限公司是中国深圳证券交易所的一家上市公司，主营业务为交通运输设备制造业，包括汽车设计、生产与销售。

基本信息	
外文名	Haima
创立时间	1992 年 1 月
创始单位	海南汽车制造厂
总部地点	中国郑州

》》 品牌故事

1988 年，海南汽车冲压件厂成立，同年更名为海南汽车制造厂。1992 年，海南汽车制造厂与日本马自达汽车公司合资成立海南马自达汽车有限公司，生产在中国销售的马自达汽车。合资公司协议持续到 2006 年后，马自达汽车公司将其股份卖给一汽集团。而海南马自达仍然保留权利销售剩下的马自达汽车，并继续采用马自达技术进行新款设计，但被禁止采用马自达商标。为此，公司更名为海马汽车股份有限公司，并推出了自主品牌——海马。2016 年 2 月，海马将总部迁入河南省郑州市。

》》 标志解析

海马汽车的标志是在象征太阳的圆环上嵌入一个抽象的鹰隼形状，寓意为"旭日东升，鲲鹏展翅"，代表了海马汽车奋发向上、矢志腾飞的企业形象。

》》》 代表车型

海马 3

海马 S7

海马 V70

汉 腾

汉腾是中国江西汉腾汽车有限公司旗下的汽车品牌，致力于"以全球品质的标准，造国人喜爱的好车"。

基本信息	
外文名	Hanteng
创立时间	2013 年 11 月
创始人	王根党
总部地点	江西上饶

❱❱❱ 品牌故事

汉腾汽车有限公司成立于 2013 年 11 月，总部位于中国江西省上饶市经济技术开发区，是一家全新的以传统动力汽车、新能源汽车、关键汽车零部件的研发、生产、销售为核心业务的民营整车制造企业。汉腾汽车的前身是一家名为"江环汽车"的改装乘用车辆资质的企业，位于江西省的赣州市，并不拥有整车生产资质，资产整合后通过资质升级的方式，才取得了汽车整车生产资质。2015 年 12 月，首款车型汉腾 X7 下线。2017 年 9 月，汉腾汽车有限公司与俄罗斯德尔维斯汽车公司正式签署了合作协议，成功开辟了首个海外市场。

❱❱❱ 标志解析

汉腾汽车的标志外圆内方，是"智圆行方"、和谐包容的东方智慧。边框的银色充满现代高端制造业的品质感，中央奋蹄腾跃的骏马，象征着中国民族汽车品牌的创造力与开拓精神。底纹的红色不仅是中国传统的吉祥色，更代表着积极向上的澎湃力量。为了区别于传统的动力车型，汉腾新能源车型的标志采用了蓝色底纹。

》❱》 代表车型

汉腾 X5

汉腾 X5 EV

腾 势

腾势是比亚迪和梅赛德斯 - 奔驰联合打造的新能源汽车品牌，是中国首个致力于新能源的汽车合资品牌。

基本信息	
外文名	Denza
创立时间	2010 年 5 月
创始单位	比亚迪、梅赛德斯 - 奔驰
总部地点	中国深圳

❯❯❯ 品牌故事

2010 年 3 月 1 日，比亚迪与戴姆勒在斯图加特签署谅解备忘录。同年 5 月 27 日，比亚迪与戴姆勒签署合同，在中国成立深圳比亚迪戴姆勒新技术有限公司。2012 年 3 月 30 日，深圳比亚迪戴姆勒新技术有限公司推出中国首个专注于新能源汽车的品牌——腾势。2014 年 4 月 20 日，腾势首款电动汽车于北京车展面向全球首发。同年 10 月 31 日，腾势纯电动汽车在北京上市。2016 年 12 月 7 日，深圳比亚迪戴姆勒新技术有限公司正式更名为深圳腾势新能源汽车有限公司。

❯❯❯ 标志解析

腾势汽车的标志由中央的水滴和外围的合拢造型构成。标志周身为银色，向中间聚拢，代表力量的聚合；顶端开放，寓意品牌开放包容的格局。水滴的蓝色是科技的蓝、未来的蓝，体现了品牌追求纯净自然的环保愿景；而合拢的造型则呈现出合资双方强强联手，共同呵护自然与环境，共同致力于新能源汽车事业，践行环保责任。

》》》代表车型

腾势 D9

腾势 N7

腾势 500

蔚　来

蔚来是中国智能电动汽车品牌，致力于通过提供高性能的智能电动汽车与极致用户体验，为用户创造愉悦的生活方式。

基本信息	
外文名	NIO
创立时间	2014 年 11 月
创始人	李斌
总部地点	中国合肥

▶▶▶ 品牌故事

2014 年 11 月，蔚来由李斌发起创立，并获得淡马锡、百度资本、红杉、厚朴、联想集团、华平、TPG、GIC、IDG、愉悦资本等数十家知名机构投资。2018 年 9 月 12 日，蔚来汽车在美国纽约证券交易所成功上市。2020 年 2 月 25 日，蔚来宣布在安徽省合肥市建立中国大陆总部。2022 年 4 月 28 日，蔚来汽车第 20 万辆量产车下线交付。同年 10 月，蔚来宣布进入欧洲，将 ET5、ET7 和 EL7（即 ES7）三款车型引入德国、荷兰、丹麦和瑞典四国。与中国市场不同，蔚来在上述市场仅提供订阅制的租赁模式，并不售卖车辆。

▶▶▶ 标志解析

蔚来品牌的英文名称"NIO"取意"A New Day"（新的一天），表达了蔚来追求美好明天和蔚蓝天空、为用户创造愉悦生活方式的愿景。其品牌标志分为上下两个部分，分别象征蔚来的愿景和行动：上半部分代表天空，象征开放、未来与目标；下半部分代表延伸向地平线的路面，象征方向、行动与向前的动力。

》》 代表车型

蔚来 EP9

蔚来 EC6

蔚来 ET7

理　想

理想是中国智能电动汽车品牌，致力于通过产品创新及技术研发，为家庭用户提供安全及便捷的产品及服务。

基本信息	
外文名	Li Xiang
创立时间	2015 年 7 月
创始人	李想
总部地点	中国北京

❯❯❯ 品牌故事

理想创立于 2015 年 7 月，其创始人李想是中国著名的连续创业家，曾创办访问量极大的汽车网站汽车之家。2018 年 10 月，理想发布首款车型——理想 ONE。2020 年 7 月 30 日，理想汽车在美国纳斯达克挂牌上市，是继蔚来汽车之后第二家登陆纳斯达克的中国新能源车企。2022 年 6 月 21 日，理想发布旗下第二款车型——理想 L9。2022 年 9 月 30 日，理想发布旗下第三款车型——理想 L8。2023 年 2 月 8 日，理想发布了家庭五座旗舰 SUV——理想 L7。

❯❯❯ 标志解析

理想的品牌名称源于创始人李想姓名的同音词"理想"，其图形标志是以拼音字母"Li"为造型设计，整体造型非常简洁。"Li"既可以看作李想姓氏的拼音，也可理解为电动汽车离不开的锂离子。

代表车型

理想 ONE

理想 L8

小　鹏

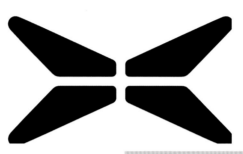

小鹏是中国智能电动汽车品牌，其车型特点为支持第 3 级自动驾驶技术和互联网应用。

基本信息	
外文名	XPeng
创立时间	2014 年 1 月
创始人	何小鹏、夏珩 何涛、杨春雷
总部地点	中国广州

▶▶ 品牌故事

小鹏汽车科技有限公司于 2014 年创立，创始人为 UC 浏览器的创始人何小鹏。公司创立初期名为"橙子汽车"，但由于相关商标和名称已被注册，故在联合创始人夏珩的建议下改用"小鹏汽车"的品牌，以体现对该品牌的认同和责任。2021 年 7 月 7 日，小鹏汽车正式于香港联合交易所主板挂牌交易。小鹏汽车目前在中国广州、北京、上海、深圳以及美国硅谷、圣地亚哥设有研发中心，在肇庆、广州和武汉设有生产基地，其产品在中国、挪威、荷兰、瑞典、丹麦等国销售。

▶▶ 标志解析

小鹏将自己定位为"未来出行探索者"，其品牌标志由"探索者"英文"Explorer"中的"X"字母演绎而来，字母"X"向四方延伸，寓意小鹏突破边界，勇于探索科技无人区，以领先的科技给车主带来更为便捷愉悦的出行体验。

》》代表车型

小鹏 P5

小鹏 P7

小鹏 G9

马自达

马自达是一家在东京证券交易所上市的日本跨国汽车制造商，主要销售市场包括亚洲、欧洲、北美洲、大洋洲等。

基本信息	
外文名	Mazda
创立时间	1920 年 1 月
创始人	松田重次郎
总部地点	日本广岛

❱❱❱ 品牌故事

马自达品牌的历史可以追溯到 1920 年，其创始人松田重次郎凭借生产葡萄酒瓶木塞起家，起初公司名为东洋软木工业有限公司，1927 年改称东洋工业有限公司。1931 年，公司以生产三轮载重汽车为起点，开始涉足汽车制造业。1940 年开始生产小轿车。1967 年公司和汪克尔公司签订协议，取得转子发动机的生产权，从而开始了公司的高速发展期。从 1967 年到 1979 年，公司累计生产轿车 1000 万辆。1984 年，公司更名为马自达有限公司。到 2002 年，马自达已累计生产汽车超过 3500 万辆。

❱❱❱ 标志解析

马自达汽车的标志是一个椭圆嵌入一个艺术化的字母"M"，椭圆代表太阳，字母"M"代表马自达公司。椭圆内部的部分看起来也像张开的翅膀，象征着马自达品牌渴望未来和表达自由的理念，同时喻示着公司将展翅高飞，以无穷的创意和真诚的服务迈向未来。

▶▶▶ 代表车型

马自达 6

马自达 CX-90

马自达 MX-5

铃 木

铃木是日本汽车、摩托车制造商，其汽车产品以日本国内称为"轻型自动车"（K-Car）等级的小型车与中小型的越野车为主。

基本信息	
外文名	Suzuki
创立时间	1920 年 3 月
创始人	铃木道雄
总部地点	日本静冈

》》 品牌故事

1920 年 3 月，铃木道雄创立铃木式纺织机有限公司。1952 年，公司开始生产摩托车。1954 年 6 月，公司更名为铃木汽车有限公司。1955 年，公司开始生产汽车，以生产微型汽车为主。1984 年，铃木首次提供技术给中国市场，也是最早进入中国市场的日本汽车制造商之一。1990 年 10 月，公司更名为铃木有限公司。2012 年 11 月，铃木宣布退出美国汽车销售市场，将集中于摩托车销售业务。2018 年 8 月，铃木宣布，将解除与长安汽车的合资关系，退出中国汽车市场，集中精力转向印度市场。

》》 标志解析

铃木汽车的标志是一个艺术化的字母"S"，而"S"是铃木品牌英文名称"Suzuki"的首字母。这个图案给人以无穷的力量，象征无限发展的铃木公司。

》》》 代表车型

铃木 Spacia

铃木 Swift

铃木 Xbee

塔　塔

塔塔是印度最大的综合性汽车公司，主要产品包括小型汽车、越野车、公共汽车、中型货车、重型货车等。

基本信息	
外文名	Tata
创立时间	1945 年
创始人	拉坦·塔塔
总部地点	印度孟买

▶▶ 品牌故事

塔塔汽车公司成立于 1945 年，其在 1954 年的时候与德国戴姆勒 - 奔驰公司进行合作，1969 年能够独立设计汽车。从 20 世纪 60 年代起，塔塔汽车已出口到亚洲其他国家，以及欧洲和非洲的部分国家。1999 年，塔塔进入乘用车领域。其小型轿车印迪卡曾在短时间内接到超过 11 万订单，产品供不应求，创造了印度汽车销售的最高纪录。2008 年，福特汽车公司与塔塔汽车公司签订协议，同意将路虎、捷豹、罗孚等品牌的使用权以 26.5 亿美元的价格出售给塔塔汽车公司。2018 年 7 月 19 日，《财富》世界 500 强排行榜发布，塔塔汽车公司位列第 232 位。

▶▶ 标志解析

塔塔汽车的标志是在象征着地球的椭圆形正中耸立着的一把铁锤，它既是 "Tata" 的首字母大写，又象征着普塔塔集团在印度工业中举足轻重的地位。

》》》 代表车型

塔塔 Tigor

塔塔 Punch

塔塔 Nexon

宝 腾

　　宝腾是马来西亚第一家国产汽车品牌，"Proton"是马来语"Perusahaan Otomobil Nasional"（国产汽车工业）的缩写。

基本信息	
外文名	Proton
创立时间	1985 年 7 月
创始人	马哈迪·莫哈末
总部地点	马来西亚莎阿南

❱❱❱ 品牌故事

　　宝腾创立于 1985 年 7 月，最初是一家由马来西亚重工业公司和日本三菱集团旗下的三菱汽车及三菱商事组成的联营公司。其中马来西亚重工业公司占总股权的 70%，另两家日本企业各占 15%。公司的营运模式为由三菱提供生产技术，宝腾负责生产。其后三菱集团旗下的两家公司分别于 2004 年及 2005 年售出所有股权，让宝腾成为一家独立经营的汽车制造商。2017 年 6 月，中国吉利控股集团收购宝腾汽车 49.9% 的股份。

❱❱❱ 标志解析

　　宝腾汽车于 2019 年启用的新标志移除了原来的盾形金属边框和填充的黑色背景，只保留了虎头图案和圆圈。虎头图案增加了细节，如补充脖子部分和圆圈完全连接在一起。旧版虎头的耳朵直接朝向前方，而新版改为稍平而向后微倾，看起来更加凶猛自信，攻击性十足。

》》》 代表车型

宝腾 Saga

宝腾 Persona

宝腾 Exora

第5章 其他汽车品牌

　　虽然全球汽车生产主要集中于亚洲、欧洲各国以及美国，但并不意味着其他国家和地区完全没有汽车工业，如南美洲的巴西、大洋洲的澳大利亚以及非洲的阿尔及利亚、摩洛哥、乌干达等国，均有自己的汽车企业。

5.1 非洲汽车品牌

 SNVI

SNVI 是阿尔及利亚一家汽车制造商，是阿尔及利亚最大的汽车企业，其全称为国家工业车辆公司。

基本信息	
外文名	SNVI
创立时间	1967 年
创始单位	阿尔及利亚政府
总部地点	阿尔及利亚鲁维巴

▶▶ 品牌故事

SNVI 实际上是阿尔及利亚政府于 1967 年创立的国家机械建筑公司（SONACOME）的子公司。1973 年，法国贝利埃公司在阿尔及利亚的汽车制造厂停止运营，其厂房和设备由阿尔及利亚国家机械建筑公司继承，由此开启了 SNVI 的汽车制造之路。如今，SNVI 主要生产卡车、牵引车、公共汽车、农用拖拉机以及军用车辆。

▶▶ 标志解析

SNVI 的品牌标志是一个圆形图案，内部的折线融入了品牌名称的四个字母。这个标志的设计非常简洁，充满现代气息，既突出了 SNVI 公司的身份和名称，也象征着品牌的全球视野。

代表车型

SNVI K85

SNVI M120

拉洛奇

　　拉洛奇是摩洛哥一家汽车制造商，专门研发和制造高性能跑车，同时也是圆石滩等车展的常客。

基本信息	
外文名	Laraki
创立时间	1999 年
创始人	阿布迪斯拉姆·拉洛奇
总部地点	摩洛哥卡萨布兰卡

▶▶▶ 品牌故事

　　拉洛奇由阿布迪斯拉姆·拉洛奇于 1999 年创立。阿布迪斯拉姆·拉洛奇是摩洛哥一名设计师和企业家，从 1973 年开始，通过向摩洛哥进口汽车获得了大量财富。他的儿子阿卜杜勒·拉洛奇后来接管了公司。在 2002年日内瓦汽车展上，拉洛奇推出了自己的第一款跑车 Fulgura。此后，拉洛奇相继推出了 Borac（2005 年）、Epitome（2013 年）两款跑车。尽管拉洛奇汽车的生产规模很小，但其车型的设计和性能仍然在汽车界享有较高的声誉。

▶▶▶ 标志解析

　　拉洛奇的标志是一个圆形的立体图案，主体为一只舒展的翅膀，部分羽毛冲破了圆环，给人以展翅高飞的印象，象征着拉洛奇跑车性能卓越。标志的底色为黑色，圆环和翅膀图案为银色。

》》》 代表车型

拉洛奇 Fulgura

拉洛奇 Epitome

奇伊拉

奇伊拉是乌干达第一家本土汽车制造商，致力于推动乌干达国内的汽车产业发展，并且生产高品质、绿色环保的电动汽车。

基本信息	
外文名	Kiira
创立时间	2014 年
创始单位	乌干达政府
总部地点	乌干达坎帕拉

品牌故事

奇伊拉汽车公司是乌干达国有企业，最初的目标是开发和生产使用可再生能源的汽车，以减少对化石燃料的依赖和降低环境污染。该公司的首款汽车奇伊拉 Smack 是一款电动汽车，采用了太阳能和插电混合动力系统，可以在充电和太阳能充电的情况下行驶超过 80 千米。此后，奇伊拉不断推出新的车型。这些车型在设计和性能方面都有很大的改进，同时也进一步推动了乌干达的汽车工业和技术创新发展。除了汽车制造，奇伊拉还致力于推动可再生能源和清洁技术的研发和应用，以促进乌干达的可持续发展。

标志解析

奇伊拉汽车的标志是一个圆形，外围的黑、红、黄三种颜色源于乌干达国旗，黑色代表乌干达人民，黄色象征阳光，红色象征自由。中间的图案是一只白色的皇冠鹤，它是乌干达的国鸟，有着优雅的体态，深受乌干达人民的喜爱，并且出现在乌干达国旗上。标志的正下方有黑色的"KIIRA MOTORS"字样。

▶▶▶ 代表车型

奇伊拉 Smack

奇伊拉 Kayoola EVS

坎坦卡

坎坦卡是一家加纳汽车制造商，致力于为非洲市场提供经济实惠、符合本土需求的汽车产品。

基本信息	
外文名	Kantanka
创立时间	1994 年
创始人	夸瓦沃·萨福·堪唐卡
总部地点	加纳

▶▶▶ 品牌故事

坎坦卡汽车公司是加纳第一家当地民族资本投资设立的汽车公司。该公司在加纳中部地区的一个小镇建设工厂，主要进行 SUV 和卡车的组装。其运营模式是由中国华晨汽车和福迪汽车引入相关技术设备，进口整车散件，同时聘用中国工程师指导加纳本地员工进行车辆组装。坎坦卡汽车公司也引进过中国力帆汽车公司的部分车型。

▶▶▶ 标志解析

坎坦卡汽车的标志是一个带有圆圈的五角星，这个显眼的五角星取自加纳国旗，象征坎坦卡作为加纳第一个汽车品牌的重要地位。

代表车型

坎坦卡 Onantefo

坎坦卡 Omama

5.2　大洋洲汽车品牌

霍　顿

基本信息	
外文名	Holden
创立时间	1856 年
创始人	詹姆斯·亚历山大·霍顿
总部地点	澳大利亚墨尔本

　　霍顿是一家历史悠久的澳大利亚汽车制造商，堪称澳大利亚国民汽车品牌，现已破产。

品牌故事

　　霍顿公司是由詹姆斯·亚历山大·霍顿于 1856 年创立，早期主要生产马鞍。随着汽车业的崛起，1908 年霍顿公司也在爱德华·霍顿的主导下开始涉足汽车维修业务。1913 年，公司开始生产摩托车部件。1923 年，公司开始生产汽车车身，主要客户为福特澳大利亚工厂。1924 年，霍顿公司开始为通用汽车公司在澳工厂供应车身。1931 年，通用汽车公司收购了霍顿公司，并与通用汽车澳大利亚分公司合并，称为"通用霍顿"。1936 年，公司总部设于墨尔本，包括生产、销售等部门。1948 年，通用霍顿生产了澳大利亚第一款自主品牌汽车。1994 年，公司宣布不再使用"通用霍顿"名称，而仅称"霍顿"。2003 年前，霍顿一直是澳大利亚汽车市场占有率最高的品牌。然而此后市场不断流失，连年亏损。2013 年，通用汽车公司宣布，霍顿将于 2017 年停止汽车生产，并改为单纯销售进口车。2021 年，霍顿汽车停止一切销售、设计及研发等业务。

》》 标志解析

　　霍顿汽车标志的主体图案是一只正在滚球的狮子，其设计灵感来自中东地区的一则古老传说：埃及狮子滚石头的情景。自 20 世纪 20 年代以来，霍顿汽车的标志多次变更形状、颜色、字样，但狮子滚球的图案始终是核心元素。

》》 代表车型

霍顿科罗拉多

霍顿阿卡迪亚

参 考 文 献

[1] 陈新亚. 汽车标志和识别大全 [M]. 北京：化学工业出版社，2022.
[2] 林平. 汽车标志大全 [M]. 2 版. 北京：电子工业出版社，2020.
[3] 赵航. 世界汽车标志全知道 [M]. 北京：机械工业出版社，2011.
[4] 蔡葵. 汽车标志鉴赏 [M]. 福州：福建科学技术出版社，2007.